エンチウ(樺太アイヌ)語会話入門
First Step For the Sakhalin Ainu Language
【改訂版】

村崎恭子 著
Kyoko Murasaki

エンチウ語で談笑する藤山ハルさん(右)、長嵐イソさん(中)、太田ユクさん(左)。
ウトロの浜辺にて 1962 年 著者撮影。

目 次

はじめに
凡　例

エンチウ（樺太アイヌ）語会話入門

第１課　発　音 1
第２課　'IRANKARAHTE　おはようございます 8
第３課　'E'ANI NAATA?　あなた だれ？ 10
第４課　TAH HEMATA?　これ何？ 12
第５課　TEETA 'ITANKI 'AN　ここに茶わんがある 16
第６課　TANTO SIRIPIRIKA　今日は天気がいい 20
第７課　'ATAYEHE YUHKE　（値段が）高いですね 24
第８課　HEMATA 'E=KII KUSU 'AN?　（あなた）何をしてるの？ ... 29
第９課　WAHKA KU=KUU RUSUY　水が飲みたい 35

アイヌ語索引（アイヌ語－日本語） 40
日本語索引（日本語－アイヌ語） 61

エンチウ（樺太アイヌ）語の特徴　－北海道アイヌ語と対照して－ ... 84
エンチウ（樺太アイヌ）語文法概説 88
樺太アイヌの人々（榎森進 編『アイヌの歴史と文化Ⅱ』2004、創童舎より） ... 111

はじめに

　ここに公刊するのは、樺太アイヌ語の入門書です。樺太アイヌ語というのは、1945年まで日本領だった南樺太の地域で話されていたアイヌ語の方言です。
　この言葉は、1960年に私が習い始めたころには戦後樺太から移住した樺太アイヌの老人たちの間で話されていたのですが、その後どんどん日本語に同化されて1994年に最後の話者が亡くなり今は誰も話さない言葉になってしまいました。
　樺太アイヌ語は北海道アイヌ語とかなり違っていて現代語の会話は互いに通じ合わないほどです。でも樺太アイヌ語にしかない特徴は重要なものが多く、日本列島の北辺の固有言語を探る上で欠かすことができません。例えば、'enciw エンチウ《人間》という古語が樺太アイヌ語の老人言葉にあります。これは、日本史でどうして「蝦夷」を古代では「エミシ」、中世では「エゾ」と呼ぶのか、この人たちがアイヌ語を話していたのかなどの問題を解く重要な手がかりになります。また文字より古い「アイヌ語地名」を解くのにも、樺太アイヌ語は新しい展望を見せてくれます。
　幸か不幸か私は今から半世紀前にこの樺太アイヌ語に出会い、常呂の藤山ハルさんや太田ユクさん、日高門別の浅井タケさんたちのような最高の語り部、言葉のできるおばあさんたちからずっと最後まで言葉を習うことができました。しかし、私の不甲斐なさからその成果を発表することも達成しないまま、語り部の方々がみんな亡くなって、この言葉が忘れ去られてしまうのは忍びなく、細々と勉強会を続けていますが、谷川健一先生のお勧めのお陰で「釧路地方の地名を考える会」で樺太アイヌ語講座を開く機会を与えられて、釧路の皆様と一緒に学ぶことになり、このたび長年の懸案だった『樺太アイヌ語入門会話』が釧路の緑鯨社から出版されることになったことは、本当に嬉しいことです。
　本書は、初心者でもやさしく学べるような日常会話をテキストにして、アイヌ語の仕組みや会話のやり取りが分かるように、第1課の発音から始まって、言葉を習いに来た和人とアイヌのおばあさんとの会話を、基本文形に従って第2課から9課まで提示して、すぐに使って練習できるように編集しました。これは、1998年夏に東京外国語大学アジア・アフリカ言語文化研究所で行われた「平成10年度言語研修・アイヌ語」の一部テキストとして編集したものを原本として補修訂正して、一般の方々にも入手できるようにしたものです。一人でも多くの方々にこの言葉を知っていただきたく、まず「入門会話」を出しますが、今後もつづけて、音声付の学習書など可能な限り公刊していく所存です。

最後に、この本を出すのにお世話になった方々に、心から御礼を申し上げます。釧路で「樺太アイヌ語講座」を開くきっかけを作ってくださった「日本地名研究所」当時所長の谷川健一先生、村崎の大学退官後からずっと自宅で行っている月に１回の勉強会「樺太アイヌ語の会」のメンバーの方々、特に巻末の索引を作ってくださった丹菊智花さん、「釧路地方の地名を考える会」の顧問、故古谷達也さんと佐藤宥紹元会長、大変お世話になった故山本修平さん、そして初版の出版を引き受けてくださった緑鯨社の柴田哲郎社長、本当にありがとうございました。

　以上は本書初版が釧路の緑鯨社から出版された2009年９月に記した序文です。以下は、それから15年たった2024年に同じ釧路の藤田印刷エクセレントブックスから改訂版が出版されるにあたって記す序文です。表題の樺太アイヌの同義語として使っている「エンチウ」という呼称ですが、戦争終結後に自分たちの故郷である樺太から余儀なく北海道へ移住してきた彼らは、同じアイヌでも先住の北海道アイヌとは言語的にも文化的にも大きく異なることから北海道アイヌの呼称「ウタリ」と区別して自分たちを「エンチウ」と呼ぶようになったのです。これは2001年設立の「エンチウ（樺太アイヌ）協会」という名称に現れています。ここでも以下「エンチウ」を使います。

　この本で学ぶエンチウ語は、最後の話者浅井タケさんが1994年に亡くなってこの世から姿を消してしまいました。でも私は幸いなことに、この言語が北海道のオホーツク沿岸の常呂(トコロ)という町でエンチウの老人たちの間で豊かに会話されていた1960年代に現地をしばしば訪れてフィールドワークをして言葉を収録しましたので、そのお陰で本書を書くことができました。本書はエンチウ語の最終時期を豊かに生きた女性たち、常呂の藤山(フジヤマ)ハルさんと太田(オオタ)ユクさん、知床の長嵐(ナガラシ)イソさん、日高門別の浅井(アサイ)タケさんの方々から賜った贈り物の結晶に他なりません。

　アイヌ語といえば知里幸恵の『アイヌ神謡集』が有名ですが、本書で扱うのは日常会話で使われる「普段のことば」です。さあ、エンチウ語を学んで、エンチウ語で会話しましょう！

　ke'anah, 'enciw 'itah 'ani 'ukoytakan!《さあ、エンチウ語で会話しましょう》

　最後に、世界で超少数言語であるアイヌ語の中でもよりマイナーなエンチウ語の会話入門改訂版の出版を引受けて下さった藤田印刷エクセレントブックスの藤田卓也社長に心から謝意を表します。

2024年12月　　　　　　　　「樺太アイヌ語の会」主宰　　村崎恭子

凡　例

1. 本書は初心者のための樺太アイヌ語（以後 KA と略す）の教科書です。
2. 本書の元になっている資料は、村崎が 1960 年から 1974 年に藤山ハルさんが亡くなるまで折あるごとに常呂を訪問してハルさんや太田ユクさんから習った言葉と、同じ方言の話者、浅井タケさんに 1984 年にめぐり合い 10 年後に亡くなるまで日高門別の老人ホームに通ってタケさんから習った言葉です。この出会いの経過については付録の「樺太アイヌの人々」に詳しく書きましたので参照してください。
3. こうして習った KA のデータの中から、村崎が大学勤務中の主な仕事であった外国人のための日本語教育の方法を参考にして、基本文型から順序だてて学べるように会話入門書を編集してできたのが本書です。これは東京外国語大学アジア・アフリカ言語文化研究所主催の平成 10 年度言語研修としてアイヌ語研修が行われたときに作ったテキストが原本で、その後修正補充してできました。
4. 北海道アイヌ語（以後 HA と略す）は道内のアイヌ語教室やラジオ講座などで紹介されて近年多くの人が学んでいますが KA はその教材も初めてなので、本書の巻末に KA についての説明を「樺太アイヌ語の特徴—北海道アイヌ語と対照して—」「樺太アイヌ語文法概説」として付けましたので参照してください。
5. 教科書の本文は第 1 課から第 9 課まであります。第 1 課の「発音」から始まって第 2 課から第 9 課までより簡単で基本的な文から学習できるように編集されています。
6. 各課は、約 10 の発話から成る会話、使用語句、学習事項の 3 つの部分から構成されています。
7. 各課は 90 分の授業で習得できるようになっていますが、それぞれの条件、日常会話の習得を目的とする場合は会話を繰り返し練習して暗記する、またアイヌ語の文法の理解を深くするためには学習項目を詳しく学ぶなど、目的と条件によって適宜短縮して学習していただけたら幸いです。
8. アイヌ語はローマ字表記しましたが、その下に発音の助けになるようにカナ表記を付しました。周知の通りアイヌ語には元来文字がないので、文字を読むのではなく先生の発音をまねをして練習することが大切です。残念ながら、この会話のアイヌ古老による録音資料はありませんが、本当の音声はこれからできる限り順次公刊していくつもりです。
9. 本書のアイヌ語表記は他のアイヌ語教材とは大きく違っています。これは簡略音素表記ですが、服部四郎（1964）『アイヌ語方言辞典』に準じています。特記すべき点は以下の通りです。

1. 母音で始まる音節は認めず、母音の前に暫弱喉子音音素 /'/ が立つと考える。
   ex. 'aaca《父さん》'ona《父親》
2. 長母音は同じ母音字を重ねて表記する。*ex.* kuu《飲む》kee《脂》
3. 音節末子音 -m は、環境によって –n と聞こえるときは –n と書いた。
4. 音韻として存在しない介入母音も読みやすくするために入れた。
   ex. 'omanu wa 'isam《行ってしまった》
5. 助詞は原則として分離して表記した。その結果、母音始まりの音節が生じた。
   ex. kii ike《して》'omani ike《行って》など。ただし、manuyke《～だそうで》は一語とみなして分離していない。
6. 人称接辞は分離して = を付した。*ex.* Kiyoko ku=nee.《私はキョウコだ》

10. アイヌ語単語の後に（ ）内に品詞を略号で示しましたが、その略号は以下の通り。

品詞表

略号	日本語	英語	例
n	名詞	noun	kotan《村》、'oyasi《お化け》
pn	位置名詞	position noun	sihkew《隅》、soykaske《外》
v0	完全動詞	verb taking no NP	'onuuman《日が暮れる》
v1	自動詞	verb taking one NP	cis《泣く》、numa《起きる》
v2	一他動詞	verb taking two NPs	nukara《～を見る》、kii《～をする》
v3	二他動詞	verb taking three NPs	nukante《～を～に見せる》
aux	助動詞	auxiliary verb	rusuy《したい》、hemaka《してしまう》
av	副詞	adverb	reekoh《非常に》、kanna《再び》
at	連体詞	attributives	neya《その》、sine《一つの》
det	連体後詞	determiner	'utah《～たち》、'oy《～ども》
ac	接続助詞	adverbial conjugation	yahka《ても》、kusu《ので》
p	助詞	particle	ka《も》、naa《も》、-ta《で、に》
f	終助詞	final particle	waa.《なさい》、kanne《てください》
id	慣用語句	idiom	'ike 'an teh 'okayan《そうこうしていた》
po	後置詞	postposition	'ahkari《より》、'onne《に》
in	間投詞	interjection	'isaakure《いやはや》
con	接続詞	conjunction	ne'ampe kusu《だから》
num	助数詞	numeral unit	ras《～枚》、'aynu《～人》
aff	接辞	affix	ku=《私が》、'e=《お前が》、-te《～させる》

11. 品詞以外の略号の意味と例を下に挙げます。

　　略号　　意味　　　　　　例
　　〔老〕老人言葉　　　　'anoka《私》、'ekoyayrah《～に話して聞かせる》
　　〔若〕若者言葉　　　　ku'ani《私》、'ekoweepekere《～に話して聞かせる》
　　〔多〕多回形　　　　　ruhpa《～を全部飲み込む》、'amesospa《～を爪で引掻く》
　　〔良〕良いことば
　　〔悪〕悪いことば
　　〔神〕神様のことば
　　〔早〕早ことば　　　　'irankarapa《挨拶をする》
　　〔複〕〔pl.〕複数形　　 payki《起きる》、paye《行く》
　　〔単〕〔sg.〕単数形　　 numa《起きる》、'oman《行く》
　　〔日〕日本語　　　　　kisiru《キセル》、tapara《俵》
　　〔所〕所属形
　　〔マ〕マオカ方言

12. その他の記号など、
　　・　= は、会話において、動詞の人称接辞と動詞語幹の間に付した。
　　・　-（ハイフン）は、語形成分析が可能な場合にその境界に付した。
　　・　《　》は、アイヌ語形に対する日本語訳に付した。
　　・　*ex.* は、例、例文の略。
　　・　*cf.* は、参照。

13. 参考文献は樺太アイヌ語文法概説の後ろに記した。（110 ページ）

第1課　発音

1.1 母音音素

/i, e, a, o, u/ の5つ。
/o/ は、日本語の「オ」より少し狭く前寄り。
/u/ は、唇の丸めがあって「ウ」より少し前寄りである。その結果アクセントのない音節では /o/ とまぎらわしいことがある。
ex.　ku=konupuru ～ ku=konopuru《わたしは好きだ》
　　　huusa'uturuke ～ huusa'otoruke《両側》
/i, e, a/ は「イ、エ、ア」とほとんど同じ。

練習 1-1
　　次の語を、先生について発音しなさい。長い母音は頭高で発音しなさい。
　　(1) pii《種》　　　　　(2) pee〔マ〕《垢》
　　(3) paa《煙》　　　　　(4) poo《子》
　　(5) puu《倉》　　　　　(6) kii《する》
　　(7) kee《脂》　　　　　(8) kaa《糸》
　　(9) koo《粉》　　　　　(10) kuu《弓》
　　(11) cii《枯れる》　　　(12) teeta《ここに》
　　(13) taa《あの》　　　　(14) too《湖、沼》

1.2 子音音素

/p, t, k, c, s, m, n, r, w, y, h, '/ の12。

それぞれの子音音素の発音の仕方を以下に述べる。

/p, t, k/：［p, t, k］。
樺太方言では、/p, t, k/ は音節の頭にのみ来て、音節末に来ることはない。音節末ではすべて /-h/ となって現れる。
［p, t, k］は、破裂があまり強くない。有気のこともあるがほとんど無気で発音される。アイヌ語に日本語の清音濁音のような破裂音の有声無声の対立がないことはよく知られているが、樺太方言の話者の場合、藤山ハルさんも浅井タケさんも、母音間の /p/ がたまに半有声で発音される以外は有声の発音はほとんど聞かれなかった。マオカ方言話者の太田ユクさんは有声になることがあった。

第 1 課

/c/：破擦音［tʃ］
　/ca, ci, cu, ce, co/ は、それぞれ日本語の「チャ、チ、チュ、チェ、チョ」とほぼ同じ発音。

/s/：音節末と /si/ における /s/ は［ʃ］。それ以外の位置では［s］。つまり、/si/ は日本語の「シ」と同様な発音である。
　ex. sas［saʃ］《昆布》、siisam［ʃiisam］《和人》

/m/：ライチシカ方言では、音節頭では［m］、音節末では弱くなる。文末では弱くても［m］とはっきり発音されて［n］にはならないが、k, t, n が後続すると［n］になる。以下は 'isam《ない、なくなる》の例。
　ex. 'isa<u>n</u> kusu《ないから》、'isa<u>n</u> teh《なくて》、'isa<u>n</u> nanko《ないでしょう》

/n/：音節頭では［n］、音節末では弱くなる。/-n/ は日本語の「ン」とは異なる発音であるから注意を要する。

/r/：［ɽ］,［t］, 破裂的な反り舌音で日本語のラ行子音とはかなり違う。ときどき、特に /re/ のとき、/te/ とまぎらわしく聞こえることがある。
　ex.　<u>re</u>wsi《泊まる》〜 <u>te</u>wsi《泊まる》
　　　<u>re</u> monimahpo《3 人の娘》〜 <u>te</u> monimahpo《3 人の娘》

/w/：音節頭では［w］、音節末では弱くなる。丁寧に発音するときは［-uʔV］、早く発音するときは［-uwV］と言うことがある。早く言う言葉を藤山ハルさんは「早言葉」という。
　ex. 'u'a'u'a kusu 'an《ピカピカ光っている》〜 'uwa'uwa kusu 'an《ピカピカ光っている》

/y/：音節頭では［j］、音節末では弱くなる。丁寧な発音の［-Vʔi］が早く発音されると［-Vy］になる。
　ex. ko<u>'i</u>tah《話しかける》〜 ko<u>y</u>tah《話しかける》

/h/：音節頭では［h］、ただし母音間では有声の［ɦ］になることがある。音節末では弱くなるが、/i/ の後では［ɦ］〜［ɕ］、/u/ の後では［ɸ］、それ以外の母音の音節末では、前の母音と同じ口の形で声を弱い息にかえたような音である。従って前の母音によって変種がある。特に /i/ の後では、例えば、/cih/《舟》も /cis/《泣く》も日本語の「チシ」といえば立派に通じるが、話者にとっては異なる音素をもつ音節なのである。つまり、これは、音節末の /-h/ は /i/ の後に来た場合、/-h/ と /-s/ が中和されて発音される、と解

釈することができる。中和された音は［ɕ］と［ʃ］の間を動揺するが、［ɕ］よりも［ʃ］に近く発音されることが多い。

発音		語例		
/-ah/	［-ah］	kah《皮》		
/-ih/	［-iɕ］〜［-iʃ］	sih《目》	cih《舟》	cis《泣く》
/-uh/	［-uɸ］	kuh《帯》		
/-oh/	［-oh］	koh《跡》		

ex. pih《ゴザをあむときに使う糸巻き石》、nih《柄》、nisteh《硬くなる》、nisih《背負い縄》、rih《すじ》、'ihrih《骨の節》、mih《孫》、sih《目》、cih《舟》、cis《泣く》

なお、藤山ハルさんの報告によると、/-s/ と /-h/ は、ちゃんと異なる二つの音素としてはっきり区別しているという。実際、cis《泣く》と cih《舟》との2語をならべて発音してもらったときにははっきり区別して発音していることが確認できた。しかし普通の文の中では、聞き手が発音だけで /-s/ と /-h/ とを弁別するのは難しいようである。

/'/：音節頭では声門閉鎖音［ʔ］、母音間では弱い喉頭の緊張となる。しかし、/V'V/ と /VV/ は、はっきり区別される。
ex. taa《あの》ta'aan《ずっと向こうの》

12の子音はすべて音節頭に立つことができる。

ex. paa《煙》、taa《あの》、kaa《糸》、maa《泳ぐ》、naa《〜も》、ruu《道》、ree《名前》、caaca《父さん》、'aa《座る》、yaa《網》、saakehe《折り返し、リフレイン》、wooya'an《いろいろな》、haaciri《落ちる》、huu《生の》

しかし、音節末に立つことができる子音は、/-s, -m, -n, -w, -y, -h / の6つだけである。
ex. cas《走る》、cis《泣く》、cih《舟》、kam《肉》、nan《顔》、'oman《行く（単）》、'inaw《イナウ》、kamuy《神》、teh《手》、kah《皮》、kuh《帯》、koh《跡、穴》

練習 1-2
次の語を、先生について発音しなさい。

(1) paaha《煙》　　　　　　(2) pooho〔所〕《子》
(3) keehe〔所〕《脂》　　　　(4) kaaha〔所〕《糸》
(5) sapa《頭》　　　　　　　(6) teeta《ここに》
(7) taata《そこに》　　　　　(8) cise《家》
(9) seta《イヌ》　　　　　　(10) takahka《カニ》
(11) kara《つくる》　　　　　(12) rasi《シラミ》
(13) rus《毛皮》　　　　　　(14) simma《あした》
(15) suy《また》　　　　　　(16) 'eh〔sg.〕《来る》
(17) 'ariki〔pl.〕《来る》　　(18) 'oman〔sg.〕《行く》
(19) paye〔pl.〕《行く》　　　(20) nanna《姉さん》
(21) heekopo《妹》　　　　　(22) 'orowa《それから》
(23) sikihi《目》　　　　　　(24) nanuhu〔所〕《顔》
(25) meko《ネコ》　　　　　(26) ceh《魚》
(27) cuhceh《シャケ》　　　(28) hemoy《マス》
(29) husko《むかし》　　　　(30) tetahcikah《白鳥》

1.3 音節の構造

音節の構造のタイプは以下の3つである。

(1)　C_1V_1

(2)　$C_1V_1V_2$

(3)　$C_1V_1C_2$

但し、C_1: すべての子音音素。 C_2: /s, m, n, w, y, h/ の6子音。$V_1=V_2$。

つまり、樺太アイヌ語の音節のタイプは、(1) 子音＋母音、(2) 子音＋長母音、(3) 子音＋母音＋子音の3つである。しかし、この方言の最小の自立形式は、(2) $C_1V_1V_2$ (3) $C_1V_1C_2$ の2つだけであり、(1) C_1V_1 は付属形式としてのみ存在する。例えば、助詞の ka《も》。また、音節頭にはすべての子音が立つが音節末には /s, m, n, w, y, h/ の6子音しか立たない。また、次の音節は存在しない。

*wi(i), *wu(u), *yi(i), *-uw, *-ow, *-iy *ti(i), *CVVC, *CVVCVV

cf.　'uyna《ひろう》、 'uuseh wahka《お茶》、
'iyayraykire《ありがとう》、 kii+'ike → kii ke《して》、
taa + h → ta'ah《あれ》、 nee + h → neh《何か》、
yee + 'oo → ye'oo《膿んだ》

【最小音節表】

pa	pi	pu	pe	po				
ta		tu	te	to				
ka	ki	ku	ke	ko				
ca	ci	cu	ce	co				
sa	si	su	se	so	-as	-is	-us	-es	-os
ma	mi	mu	me	mo	-am	-im	-um	-em	-om
na	ni	nu	ne	no	-an	-in	-un	-en	-on
ra	ri	ru	re	ro				
wa			we	wo	-aw	-iw		-ew
ya		yu	ye	yo	-ay		-uy	-ey	-oy
ha	hi	hu	he	ho	-ah	-ih	-uh	-eh	-oh
'a	'i	'u	'e	'o				
paa	pii	puu	pee	poo				
taa		tuu	tee	too				
kaa	kii	kuu	kee	koo				
caa	cii	cuu	cee	coo				
saa	sii	suu	see	soo				
maa	mii	muu	mee	moo				
naa	nii	nuu	nee	noo				
raa	rii	ruu	ree	roo				
waa			wee	woo				
yaa		yuu	yee	yoo				
haa	hii	huu	hee	hoo				
'aa	'ii	'uu	'ee	'oo				

ただし、-の前にはすべての子音が来ることができる。

1.4 アクセント

アイヌ語樺太方言にはアクセントの音韻論的対立は、自立語では存在しない。これは北海道の沙流方言などと大きく異なる特徴の一つである。しかし、北海道方言のアクセントの代わりに、樺太方言では母音の長短の区別がある。

ex.　　樺太方言　　　　　　　北海道方言
　　　miina《笑う》　　　　　mina《笑う》
　　　keera'an《おいしい》　　kera'an《おいしい》
　　　'ikuu《たばこを吸う》　 'iku《酒を飲む》
　　　paa《年》　　　　　　　pa《年》
　　　poo《子》　　　　　　　po《子》

第1課

　自立語にアクセントの音韻論的対立がないというのはこの場合、アクセントのつく形式の音節構造とモーラの数によって機械的にアクセントの位置が決まるということである。

　以下のアクセントの法則に関する記述は、服部四郎先生が調査して分析された結果に基づいている。私自身はアクセントについて調査する機会を持たなかったし、インフォーマント（母語話者）との私自身の経験において、服部先生が昭和31年の調査ですでに明らかにされた分析結果に何らの矛盾も認められなかったからである。

　アクセントのつく最も短い自立形式は、以下の三つである。
（1）$C_1V_1C_1V$　　　　　　C_1V_1/C_1V_1　　　（2モーラ）
（2）$C_1V_1V_2$　　　　　　　C_1V_1/V_2　　　　（2モーラ）
（3）$C_1V_1C_2$　　　　　　　C_1V_1/C_2　　　　（2モーラ）
（但し $V_1=V_2$　C_1 はすべての子音音素。C_2：/s, m, n, w, y, h/）

　上に示した C_1V_1, V_1, V_2, C_2 が、それぞれ1モーラであるから、これらの三つの自立形式は上右に示したようにいずれも2モーラである。アクセントのつく形式はこの三つの型か、これの組み合わせである。

1.5 アクセントの法則

（1）主アクセントは第2モーラにあり、副アクセントは第4、第6、第8モーラにあってこの順にアクセントが弱くなる。
（2）ただし、アクセントのあるべきモーラが V_2 または C_2 であれば、その一つ前のモーラ、つまり、V_1 にアクセントが移動する。

　この法則はあくまでも理論上の法則であって実際には必ずしもこの通りではない。アクセントは樺太方言では、もともと弁別的ではないから外的条件によって変り易いのは理解できる。主アクセントはその前後のモーラよりも相対的に高く発音される現象である。副アクセントは非常に弱く文脈の中ではイントネーションによって消されたり、ほとんど聞こえなくなる。以下は、法則が守られた例である。

（音節形式）　　　（語例）
CVCV̱　　　　　　sapá《頭》
CVCV̱CV　　　　　hekáci《子ども》
CVCV̱CVCV　　　 sapánuma《髪の毛》
CV̱V　　　　　　　páa《煙》

CVC<u>V</u>V	ʼikúu	《たばこを吸う》
CVC<u>V</u>CVV	ʼukóyee	《言い合う》
C<u>V</u>VCVV	yáanii	《寄り木》
C<u>V</u>C	pón	《小さい》
CVC<u>V</u>C	cikáh	《鳥》
CVC<u>V</u>CVC	ʼaráwan	《7つの》
CVC<u>V</u>CCV	nisáhta	《朝》
CVC<u>V</u>VCV	ʼunéeno	《いっしょに》
C<u>V</u>VCVC	níikah	《樹皮》
C<u>V</u>VCVCV	héekopo	《いもうと》
C<u>V</u>CCVCVC	káhkemah	《奥さん》
C<u>V</u>CCVV	ʼénkaa	《私の上》

但し、上記の <u>V</u>, á, í, ú, é, ó, は、それぞれ高いアクセントをつけて発音することを示した。

練習 1-3

次の単語を自然なアクセントで発音しなさい。

(1) poo《子》
　pooho〔所〕《だれかの子》
　mahpooho《女の子》
　ʼohkayo pooho《男の子》

(2) hekaci《子ども》
　pon hekaci《小さい子ども》
　hekaci ʼutah《子どもたち》

(3) seta《イヌ》
　poy seta《小イヌ》
　tetara seta《白いイヌ》
　kurasno seta《黒いイヌ》

(4) ʼitah《ことば》
　ʼaynuʼitah《アイヌ語》
　siisamʼitah《日本語》
　koytah《～に話しかける》
　ʼukoytah《話し合う》

第2課　'IRANKARAHTE　おはようございます
イランカラハテ

会話1

A : 'irankarahtee.
　　イランカラハテー。

B : 'irankarahtee.
　　イランカラハテー。

A : ku'ani neyke Kiyoko（ku=nee）．'e'ani naata？
　　クアニ　ネイケ　キヨコ　（クネー）。　エアニ　ナータ？

B : Taroo ku=nee.
　　タロー　クネー。

A : pirikano 'oman.
　　ピリカノ　オマン。

B : pirikano 'an.
　　ピリカノ　アン。

日本語訳
A：おはよう。（こんにちは）　　B：おはよう。（こんにちは）
A：わたしはキョーコよ。あなたはだれ？　B：ぼくはタローだよ。
A：さようなら。（出て行く人に向かって）　B：さようなら。（残る人に向かって）

語句：
'irankarahtee《おはよう、こんにちは、こんばんは》
neyke《〜は》　ku'ani《わたし、ぼく》　ku=nee《わたしは〜だ》
'e'ani《おまえ》　naata《だれ》
pirikano 'oman《元気で行きなさい、さようなら》
pirikano 'an《元気でいなさい、さようなら》

学習事項：
① あいさつの言葉
　'irankarahtee.《おはよう、こんにちは、こんばんは》は、いつ、どこでも、相手がだれでも使える。文字どおりに、"pirikano 'e'ani hii?"《元気か？》"pirikano ku='an."《元気だよ》ということもできる。

② 指定の動詞　nee《〜だ》、ku=nee《私は〜だ》
　これはよく省略される。省略された場合は、文末部分を上がりイントネーショ

ンをつけていう。ku'ani neyke Kiyoko ↗（ku=nee）.《私はキョウコよ》

③　人称接辞

完全動詞以外の動詞は必ず文中では人称接辞のついた形で現れる。一人称複数接辞 'an は、自動詞には後接し、他動詞には前接する。*ex.* paye='an.《私たちが行った》、Tahkonanna 'an=nee.《私はタッコナンナだ》 paye《行く》は自動詞だから 'an が後接し、指定動詞 nee《～だ》は他動詞だから 'an が前接する。人称接辞と動詞の接続点を＝で示すことにする。

〈表１〉人称接辞

	単 数	複 数
一人称	ku=《私が～》	'an= / ='an 《私たちが～　》
二人称	'e=《おまえが～》	'eci= 《おまえたちが～　》
三人称	ゼロ《彼が、彼女が～》	=(a)hci 《彼らが～　》

ただし、「老人ことば」では一人称複数接辞 'an を一人称単数接辞として使う。老人であるタケさんが、Tahkonanna 'an=nee.《私はタッコナンナだ》というように使う。第３課参照。

〈表２〉nee に人称接辞が付いた形

	単 数	複 数
一人称	ku=nee《私～だ》	'an=nee《私たち～だ》
二人称	'e=nee《おまえ～だ》	'eci=nee《おまえたち～だ》
三人称	nee《彼～だ》	ne=hci《彼ら～だ》（*CVVCCV） （*nee-hci は ne-hci となる）

④　人称代名詞

アイヌ語では前述したように、動詞の主従関係は人称接辞で表示されるから元来、人称代名詞はなかった。人称代名詞は、人称接辞に存在を表す動詞 'an《ある、いる》が付いた形として派生した形である。

〈表３〉人称代名詞［若］

	単 数	複 数
一人称	ku'ani《私》	'anoka(y)《私たち》
二人称	'e'ani《あなた》	'eci'oka(y)《あなたたち》
三人称	tara 'aynu《あの人》	taranoka 'aynu 'uta(h)《あの人たち》

第3課　'E'ANI　NAATA?　　あなた　だれ？
エアニ　ナータ？

会話2：

A: 'ahci, Tahkonanna 'isanka?
　　アハチ、タハコナンナ イサンカ？

B: siina'an. 'anoka neyke Tahkonanna 'an=nee.
　　シーナアン。アノカ ネイケ タハコナンナ アンネー。

A: tara 'aynu naata?
　　タラ アイヌ ナータ？

B: tara 'aynu neyke Atuy nispa（nee）.
　　タラ アイヌ ネイケ アトゥイ ニシパ（ネー）。

A: tara mahtekuh neyke Husako nee hee?
　　タラ マハテクフ ネイケ フサコ ネー ヘー？

B: 'isam. Husako ka hannehka（nee）. Tara mahtekuh
　　イサム。フサコ カ ハンネヘカ（ネー）。タラ マハテクフ

　　neyke Ya'eko（nee）. 'e'ani naata?
　　ネイケ ヤエコ（ネー）。エアニ ナータ？

A: ku'ani neyke Kiyoko（ku=nee）.
　　クアニ ネイケ キヨコ（クネー）。

　　ku'ani neyke siisam mahtekuh ku=nee.
　　クアニ ネイケ シーサム マハテクフ クネー

日本語訳
A：ばば、タハコナンナじゃない？　B：そうだ。私はタハコナンナだよ。
A：あの人はだれ？　　　　　　　　B：あの人はアトゥイニシパ（だ）。
A：あの女性はフサコか？　　　　　B：ちがう。フサコじゃない。あの女性は
　　　　　　　　　　　　　　　　　　ヤエコだよ。お前はだれ？
A：私はキヨウコよ。私は和人の女性だよ。

語句：
'ahci《おばあさん》　　　　　　'isanka？《じゃないか？》
Tahkonanna《浅井タケさんのアイヌ名》
siina'an《はい》　　　　　　　　'anoka〔老〕《私》
neyke《〜は》　　　　　　　　　'an=nee〔老〕《わたしは〜だ》
tara 'aynu《あの人》　　　　　　naata《だれ》
Atuy nispa《アトゥイニシパ、屈斜路コタンのアイヌ民族歌舞団「モシリ」の団長、
　　　　　豊岡征則氏の呼び名、ニシパは偉い男性につけて呼ぶ敬称》

'e'ani《おまえ》　　ku'ani《わたし》　　ku=nee《わたしは～だ》
siisam mahtekuh《和人の女性》

学習事項：
① 人の名前を聞く
　naata?《だれ？》
　'ereehe temana?《お前の名前はどういうの？》
　'ereehe hemata?《お前の名前は何？》
　'ereehe naata?《お前の名前はだれ？》

② 指示連体詞
　基本的に近称、話者に近いものと遠称、話者に遠いもの2系列がある。日本語の「その」と「あの」の区別はない。

〈表4〉指示連体詞

	単 数	複 数
近称	tan《この》	tanoka(y)《これらの》
遠称	tara《その、あの》	taranoka(y)《それらの、あれらの》
遠称（強調）	ta'a(a) n《あっちの》	ta'anoka(y)《あっちのものらの》
文脈指示（丁寧）	ne'an《その》	ne'okay《それらの》
文脈指示	neya《その》	neeroh《それらの》

③ nee の否定形
　「～ではない」を表す nee の否定形は～ ka hannehka (nee) である。この場合 nee は省略されることが多い。
　ex. tah seta ka hannehka (nee). meko nee.《これはイヌではない。ネコだ。》

④ 人称代名詞［老］

	単 数	複 数
一人称	'anoka《私》	'anokayahcin《私たち》
二人称	'eci'oka《あなた》	'eci'okayahcin《あなたたち》
三人称	taranoka 'aynu'uta(h)《彼》	taranoka 'aynuhuhcin《彼ら》

第4課　TAH HEMATA?　これ何？
タハ　ヘマタ？

会話3：

A: tah hemata?
　　タハ　ヘマタ？

B: tampe neyke *hana*.
　　タンペ　ネイケ　ハナ。

A: 'aynu 'itah 'ani hemata?
　　アイヌ　イタハ　アニ　ヘマタ？

B: 'aynu 'itah 'ani 'etuhu.
　　アイヌ　イタハ　アニ　エトゥフ。

A: 'orowa, tah hemata?
　　オロワ、タハ　ヘマタ？

B: sikihi.
　　シキヒ。

A: tah neyke?
　　タハ　ネイケ？

B: tarampe neyke caruhu.
　　タランペ　ネイケ　チャルフ。

A: tarampe seta nee hee?
　　タランペ　セタ　ネー　ヘー？

B: 'isam. tah seta ka hannehka（nee）. meko nee ko.
　　イサム。タハ　セタ　カ　ハンネヘカ（ネー）。メコ　ネーコ。

日本語訳
A：これ何？　　　　　B：これは鼻。
A：アイヌ語で何？　　B：アイヌ語では「'etuhu」。
A：それから、これは何？　B：目。
A：これは？　　　　　B：それは口。
A：これはイヌか？　　B：ちがう。これはイヌじゃない。ネコだよ。

語句：

tah《これ》　　　hemata《何》　　　tampe《これ》
neyke《〜は》　　'aynu'itah《アイヌ語》　'ani《〜で》
'etu,-hu《鼻》　　'orowa《それから》　sih,-kihi《目》
caru,-hu《口》　　seta,-ha《イヌ》　　nee hee?《〜か？》
'isam《ちがう》　　tarampe《それ》　　siisam'itah《日本語》
ka hannehka《〜ではない》　nee ko《〜だよ。》

（参考、その他の人体語彙）

nan,-uhu《顔》	monpeh,-cihi《指》
teh,-kihi《手》	too,-ho《乳房》
kema,-ha《足》	toope,-he《乳、ミルク》
takuh,-pihi《肩》	hon,-ihi《腹》
kisaru,-uhu《耳》	pise,-he《胃》
'imah,-kihi《歯》	tumam,-uhu《腰》
reh,-kihi《ひげ》	'uskuy,-ehe《尻》
nohkiri,-hi《あご》	sampe,-he《心臓》

学習事項：

① ものの名前を聞く
　hemata?《なに？》
　reehe hemata?《名前はなに？》
　reehe temana?《名前はどう？》

② 指示代名詞《これ、それ、あれなど》
　tan《この》、tara《その、あの》などの指示連体詞に名詞化語尾（形式名詞）–pe, -h《もの》が付いて形成される。

〈表５〉指示代名詞

対象物	単数	複数
話者の近くにあるもの	tampe《これ》	tanokaype《これらのもの》
	tah《これ》	
話者から離れているもの	tarampe《それ、あれ》	taranokaype《それらのもの、あれらのもの》
	tarah《それ、あれ》	
話者から遠く離れているもの	ta'ampe《あっちのあれ》	
	ta'ah《あっちのあれ》	
文脈指示のもの	ne'ampe《それ》、neyah《それ》	ne'okaype《それらのもの》

③ 後置詞 'ani《～で》
　後置詞は、名詞の後に付いてその句全体が副詞節としてはたらく。
　'ani は、手段や道具を表す後置詞である。
　ex. hoskino Siisam'itah 'ani yee wa 'i=nuure waa. 'orowa Aynu'itah 'ani yee kanne.
　《はじめに日本語で言って私たちに聞かせてください。それからアイヌ語で言ってください。》

この他にも後置詞は多くあるが、ここでは扱わない。

④　名詞の所属形

すべての名詞は、所属形になることができる。所属形は、名詞の語幹（n）の前後に人称所属接辞が接続して形成される。

〈表6〉人称所属形

人称	単　数	複　数
一人称	ku……hV《私の—》	'an……hV《私たちの—》
二人称	'e……hV《お前の—》	'eci……hV《お前たちの—》
三人称	……hV《彼の—》	……hVhcin《彼らの—》

⑤　所属形の作り方

上表の三人称単数の後接所属接辞のついた形（-hV）を、一般に所属形と呼んでいる。所属形の作り方は、名詞n（以下nと表記する）の最後の音節の性質によって異なる。その作り方は以下の通りである。

(1) 短母音で終わるnは、同じ母音をhの後につける。
　　'ona《父》　　　　　　　'onaha《だれかの父》
　　pise《胃》　　　　　　　pisehe《だれかの胃》
　　'ommo《母さん》　　　　'ommoho《だれかの母さん》
　　'unu《母》　　　　　　　'unuhu《だれかの母》

(2) 長母音 –aa, -ee, -oo で終わるnは、同じ母音をhの後につける。
　　kaa《糸》　　　　　　　kaaha《何かの糸》
　　kee《脂》　　　　　　　keehe《何かの脂》
　　poo《子》　　　　　　　pooho《だれかの子》

(3) 長母音 -ii で終わるnは、-iyehe をつける。
　　pii《種》　　　　　　　piyehe《何かの種》
　　sii《便》　　　　　　　siyehe《何かの便》

(4) 長母音 -uu で終わるnは、-uwehe となる。
　　puu《倉》　　　　　　　puwehe《何かの倉》
　　ruu《道》　　　　　　　ruwehe《何かの道》

(5) -w, -y で終わるnは、-ehe をつける。
　　haw《声》　　　　　　　hawehe《だれかの声》
　　'ay《矢》　　　　　　　'ayehe《だれかの矢》

（6）-m, -n で終わる n は、-ihi をつける。
  kam《肉》   kamihi《何かの肉》
  kem《血》   kemihi《何かの血》
  hum《音》   humihi《何かの音》
  hon《腹》   honihi《何かの腹》
  mun《非食用の草》   munihi《だれかの非食用の草》

（7）-am, -an で終わる n は、-uhu をつける。
  ram《胸、心》   ramuhu《だれかの胸、心》
  nan《顔》   nanuhu《だれかの顔》
  kotan《村》   kotanuhu《どこかの村》

（8）-s で終わる n は、語によって -uhu, -ehe, -ihi となる。
  sas《昆布》   sasuhu《だれかの昆布》
  kes《はずれ》   kesehe《何かのはずれ》
  sos《切れ》   sosihi《何かの切れ》
  rus《毛皮》   rusihi《何かの毛皮》

（9）-h で終わる n は、語によって -pihi, -puhu, -tuhu, -kihi, -cihi, -rihi となる。
  ceh《魚》   cepihi《だれかの魚》
  cih《舟》   cipihi《だれかの舟》
  kah《皮》   kapuhu《なにかの皮》
  kah《形、姿》   katuhu《何かの形、姿》
  koh《跡》   kocihi《何かの跡》
  sih《目》   sikihi《何かの目》
  'itah《ことば》   'itakihi《だれかのことば》
  'utah《親戚》   'utarihi《だれかの親戚》
  mahtekuh《女》   mahtekurihi《だれかの女》

⑥　nee の否定形
「～ではない」を表す nee の否定形は～ ka hannehka（nee）である。この場合 nee は省略されることが多い。
 ex. tah seta ka hannehka（nee）. meko nee ko.
   《これはイヌではない。ネコだよ。》
   tampe neyke meko ka hannehka《これはネコじゃない》
   tarampe kukorope ka hannehka.《それは私のではない》

第5課　TEETA 'ITANKI 'AN　ここに茶わんがある
テータ　イタンキ　アン

会話4：

A: taata hemata 'ani hii?
　　タータ　ヘマタ　アニ　ヒー？

B: teeta 'itanki 'an.
　　テータ　イタンキ　アン。

A: tara 'itanki nakorope hee?
　　タラ　イタンキ　ナコロペ　ヘー？

B: tan 'itanki kukorope hee. 'e'itankihi nahta 'ani hii?
　　タン　イタンキ　ククロペ　ヘー。エイタンキヒ　ナハタ　アニ　ヒー？

A: ku'itankihi 'isam.
　　クイタンキヒ　イサム。

A: tara too kaata cikah renkayne 'okay.
　　タラ　トー　カータ　チカハ　レンカイネ　オカイ。

B: siina'an. cikah renkayne 'okay.
　　シーナアン。チカハ　レンカイネ　オカイ。

A: taranoka cikah 'utah reehe temana?
　　タラノカ　チカハ　ウタハ　レーヘ　テマナ？

B: tetahcikah.
　　テタハチカハ。

日本語訳
A：そこに何があるの？　　　　B：ここに茶わんがある。
A：その茶わんはだれの？　　　B：この茶わんは私のよ。お前の茶わんはどこにあるの？
A：私の茶わんはない。

A：あの湖の上に鳥がたくさんいる。B：本当だ。鳥がたくさんいるね。
A：あの鳥たちの名前は何？　　　B：白鳥。

語句：

taata《そこに》	teeta《ここに》	'itanki《茶わん》
'an〔単〕《ある、いる》	kukorope《私の》	nahta《どこに》
'isam《ない》	too《湖》	kaata《〜の上に》
cikah《鳥》	renkayne《たくさん》	taranoka《あれらの》
'utah《〜たち》	siina'an《そうだ》	temana《どう》
'okay〔複〕《ある、いる》	reehe《名前》	tetahcikah《白鳥》

学習事項：
① 存在・非存在を表す動詞 'an, 'okay《～がある、いる》
存在の主体が人間でもモノでも同じ動詞を使う。
'an〔単〕《ある、いる》　　'okay〔複〕《ある、いる》
'isam《ない、いない》
「何もない」「誰もいない」は neera'ampe ka 'isam, nee 'aynu ka 'isam. という。

ex. cikuwe kasketa teepu 'an.《机の上にテープがある》
　　 cikuwe kasketa neera'ampe ka 'isam.《机の上には何もない》
　　 soyta hekaci 'uta renkayne 'okay.《外に子供たちが沢山いる》
　　 cise 'onnayketa nee 'aynu ka 'isam.《家の中にだれもいない》

② 存在の場所の表現
存在の場所を表すには、3つの方法がある。
（1）　teeta《ここに》、taata《そこに、あそこに》、nahta《何処に》などの副詞を使う方法。
（2）　東京、札幌など場所を表す名詞に後置詞 'ohta《～に、で》をつけていう方法、
（3）　位置名詞に場所格の語尾 -ta をつけて用いる方法。

以下に、例文を示す。
（1）・teeta sine hekaci 'an.《ここに子どもが一人いた》
　　 ・ta'aanteta poro too 'an.《あそこに大きい湖がある》
（2）・Kusiro 'ohta poro too 'an.《釧路には大きい湖がある》
　　 ・'ahci cise 'ohta sinenehka 'an.《ババは家に一人でいる》
（3）・cise <u>soyke</u>ta sine 'aynu 'an.《家の外に一人の男がいる》
　　 ・cikuwe <u>kaske</u>ta 'itanki 'an.《机の上に茶碗がある》
　　 ・cise <u>'onnayke</u>ta nee 'aynu ka 'isam.《家の中にはだれもいない》
下線を付したのが位置名詞である。

③ 位置名詞（pn）のいろいろ
アイヌ語では、存在の位置を表すのに、中心になるものを基準にして、「その前、後ろ、上、下、横など」の位置関係を示す付属的名詞が多くある。これを位置名詞と呼ぶ。位置名詞はそれだけでは独立した名詞としてははたらかない。その基準になる名詞のあとに付いて、その位置名詞を所属形にした形は独立した名詞としてはたらく。

ex.　'ipetay <u>kaskehe</u> pararaske.《食卓の<u>上</u>は平たくて広い》
　　　cih <u>'onnaykehe</u> poro.《舟の<u>中</u>は大きい》

第 5 課

位置名詞（pn）を文法的に定義すると、実質名詞（n）に後置してこれを統合して、接続した n との位置的、時間的関係を表す独立性の比較的弱い名詞の変種ということができる。

位置名詞は、地名にも多く使われていて、その数は非常に多く、ここでは全部挙げることはできないが、主なものを以下に挙げる。ライチシカ方言の特徴として「老人ことば」という 60 才代以上の老人たちが好んで使うことばのスタイルがある。これを〔老〕で示す。

(1) kaske《接触した上》
　　'ipetay kasketa 'itanki 'an.《食卓の上にちゃわんがある》

(2) kaa〔老〕《接触した上》
　　niskuru kaata kanna kamuy 'an manu.《雲の上に雷神様がいるとさ》

(3) 'enkaske《離れた上》
　　'esapaha 'enkasketa cahraku 'an.《お前の頭の上にランプがある》

(4) 'enkaa〔老〕《離れた上》
　　tara nupuru 'enkaata kurasino niskuru 'an.《あの山の上に黒い雲がある》

(5) kitayke《てっぺん、頂上、水源》
　　nupuru kitayketa sine nii 'an.《山のてっぺんに一本の木がある》
　　nay kitayketa poro too 'an.《川の源に大きな湖がある》

(6) 'empoke《真下、すぐ下（くっついていても離れていても）》
　　'e'empoketa 'ituye kaani 'an.《お前のすぐ下にハサミがある》

(7) sanke《そば》
　　cikuwe sanketa suu 'an.《机のそばになべがある》

(8) tunke《池など立体形の中》
　　wahka tunketa suma 'an.《水の中に石がある》

(9) noske《真ん中》
　　'ipetay nosketa 'itanki 'an.《食卓の真ん中に茶わんがある》

(10) 'onnayke《囲いのあるものの中》
　　cih 'onnayketa sine pon hekaci 'an.《舟の中に赤ちゃんがいる》

(11) soy (ke)《そと、外部》
　　 cise soyketa sine hekaci 'an.《家の外に子供が一人いる》

④　終助詞 hVV
　文末につけて、文意を強める。肯定文にも否定文にも疑問文にもつく。直前の動詞の末母音によってhの次にくる母音は異なる。hVVの前が子音の時は介入母音（i）をhVVの前に入れる。
　和訳すると《のだ、のか、よ》などになる。疑問文には下がりイントネーション（↘）がつく。疑問文以外の文には上がりイントネーション（↗）がつく。
　ex.　taata hemata 'ani hii? ↘《そこに何があるの？》
　　　　tan 'itanki kukorope hee. ↗《この茶わんは私のよ。》

⑤　疑問詞など
　（1）hemata《なに》
　（2）nakorokehe《どこ》
　　　 'ekotanuhu nakorokehe（nee）?《お前の町は何処？》
　（3）nakene《どこへ（方向)》
　（4）nahta《どこに、どこで》
　（5）nahwa《どこから》
　（6）naata《だれ》
　（7）hempara《いつ》
　（8）hempara neyahka《いつでも》
　（9）hempahno《いくら、どれぐらい》
　（10）hemata kusu《なぜ、どうして》
　（11）hemanu《どの》
　（12）hempah《どれだけの、何人の》
　（13）nakorope《だれのもの》
　（14）neera'ampe ka《何も、どんなものでも》
　（15）temana《どう、どんな》

第6課　TANTO SIRIPIRIKA　今日は天気がいい
タント　シリピリカ

会話5：

A: tanto 'ampene siripirika.
　　タント　アンペネ　シリピリカ。

B: siina'an. nuuman siriwenihi neewakayki tanto
　　シーナアン。ヌーマン　シリウェニヒ　ネーワカイキ　タント

　　ne'ampe siripirika.
　　ネ　アンペ　シリピリカ。

A: tani nakene 'e='oman kusu?
　　タニ　ナケネ　エオマン　クス？

B: Kusiro 'onne ku='oman kusu.
　　クシロ　オンネ　クオマン　クス。

A: Kusiro 'ohta hemata 'e=kii kusu?
　　クシロ　オホタ　ヘマタ　エキー　クス？

B: 'usa'oka 'ipe renkayne ku=koro kusu. 'e'ani, tani
　　ウサオカ　イペ　レンカイネ　ククロ　クス。エアニ、タニ

　　hemata 'e=kii kusu?
　　ヘマタ　エキー　クス？

A: cise 'ohta ku=monrayki kusu.
　　チセ　オホタ　クモンライキ　クス。

B: hemata monrayki 'e=kii kusu?
　　ヘマタ　モンライキ　エキー　クス？

A: kampinuye ku=kii kusu. pirikano 'oman.
　　カンピヌイェ　クキー　クス。ピリカノ　オマン。

B: pirikano 'an.
　　ピリカノ　アン。

日本語訳
A：きょうはとても天気が良いね。
B：そうだね。きのう天気が悪かったけど今日は天気がいい。
A：いまどこへ行くの？
B：釧路へ行くんだ。
A：釧路で何をするの？
B：いろいろな食料を沢山買うんだ。お前はいま何をするのか？
A：家で仕事をするの。
B：どんな仕事をするの？
A：勉強を私はするんだ。さようなら。
B：さようなら。

語句：

tanto《きょう》　　　　　'ampene《とても》
siripirika《天気がいい》　siriwen《天気が悪い》　tani《いま》
nakene《どこへ》　　　　'oman〔sg.〕《行く》　　Kusiro 'onne《釧路へ》
hemata《何》　　　　　　kii《する》　　　　　　'usa'oka《いろいろな》
'ipe《食べ物》　　　　　renkayne《たくさん》　　koro《買う》
cise 'ohta《家で》　　　　monrayki《仕事、仕事する》
kampinuye《勉強、勉強する》
pirikano 'oman《さようなら（去る人に）》
pirikano 'an.《さようなら（残る人に）》

学習事項：

① 完全動詞（v0）、天候を表す動詞
　NPを一つもとらない動詞を完全動詞という。無項動詞ともいう。天候を表す動詞は完全動詞が多い。

ex. 'ahtoran《雨が降る》
　　 'opasran《雪が降る》
　　 ruyampe'an《荒れ模様の天気、大雪、大雨》
　　 'opas'ururu《雪が積もる》
　　 reera'an《風がある》
　　 sinnam'an《寒い》
　　 sinnamyuhke《寒さがひどい》
　　 sihseeseh《暑い》
　　 sihritennoo《晴れて風もなくのどかな天気だ》
　　 siripohke《暖かい》
　　 sihrupus《シバレル、とても寒い》

② 移動を表す動詞（v1）
　「行く」「来る」のように移動を表す動詞は主語が単数か複数かによって形がちがう。これはみんなNPを一つとる自動詞（v1）である。

〈表7〉「行く」「来る」の単数・複数形

日本語	単数	複数
《行く》	'oman	paye
《来る》	'eh	'ariki

ex. sinenehka ku='oman kusu.《私は一人で来く》
　　 'uneeno paye='an.《私たちは一緒に行った》
　　 sinenehka 'eh kanne.《一人で来なさい》

第６課

'aynu 'okore 'uneeno 'ariki=hci.《みんな一緒に来た》

〈表８〉'oman/paye に人称接辞の付いた形

	単数	複数
一人称	ku='oman	paye='an
二人称	'e=oman	'eci=paye=yan
三人称	'oman	paye=hci

③　場所を表す後置詞（po）のいろいろ

（1）'onne　動作の方向を表す。《〜へ、〜に》
ex. Kusiro 'onne ku='oman kusu.《釧路へ私は行きます》

（2）nakene《どこへ》
ex. nakene 'e='oman kusu?《お前はどこに行くの？》

（3）'ohta　動作が行われる場所。存在の場所。《〜で、〜に》
ex. kucisehe Tokiyo 'ohta 'an.《私の家は東京にある》

（4）nahta《どこで、どこに》
ex.　nahta 'e=monrayki?《どこでお前は仕事をしてるの？》
　　　'ecisehe nahta 'ani hii?《お前のうちはどこにあるの？》

（5）'orowa　動作の起点、転じて他の意味にもなる。《〜から、〜でもって、〜に》。
ex.　'unci sankehe 'orowa tampaku 'ehte kanne.
　　　《火のそばからたばこをよこしてください》
　　　huusa tekihi 'orowa 'ampa kusu 'an.
　　　《両手で抱えるようにして持っている》

（6）nahwa《どこから、どっちの》
ex.　nahwa ka ci'uhpepaste pirika haw 'an kusu 'an.
　　　《どこからか珍しいきれいな声がしている》
　　　nahwa 'an 'utoroke wa 'ampe 'e=kon rusuy hii?
　　　《どっちの側にあるのがお前はほしいか？》

（7）pahno　程度の限界。《〜するほど、〜するまで》。
ex.　'enkokehe pahno naa hannehka ku=yee.《半分までもまだ私は言っていない》

(8) nakoro pahno《どこまで》
ex. nakoro pahno 'e='oman kusu?《どこまでお前は行くのか？》

④　1他動詞（v2）、2項動詞（v2）
アイヌ語の動詞は、NP をとらないか、いくつとるかによって、完全動詞 v0（無項動詞）、自動詞 v1（1項動詞）、1他動詞 v2（2項動詞）、2他動詞 v3（3項動詞）に分けることができる。
　koro《買う、得る》や kii《する》は、目的語を一つとる1他動詞で、これは主語と目的語として NP を2項とるから2項動詞ということができる。なお、無項動詞（完全動詞）を v0、1項動詞（自動詞）を v1、2項動詞（1他動詞）を v2、3項動詞（2他動詞）を v3 と表すことにする。
　自動詞か他動詞かを判定するには、一人称複数の人称接辞 'an を付けてみるとよい。='an が後接すれば自動詞、'an= が前接すれば他動詞である。
　なお、本書では学習者の便宜をはかるために人称接辞の接続を (=) で示したが、実際の発話ではこの区切りはなく、続けて発音される。
ex.　'ipe renkayne 'an=koro.《食べ物を沢山買った》
　　　tani paye='an 'anaa.《さあ、いま行きましょう》

⑤　連体詞（at）
常に名詞の前にきて名詞を修飾する機能しかもたない語を連体詞という。連体詞には指示連体詞（3課参照）と、数連体詞（7課参照）があるが、これ以外にも若干、以下のような個別的な連体詞がある。

(1) 'usa'an, 'usa'oka《いろいろな》
ex.　'usa'an 'ukoytah 'an=kii.《いろいろな話を私たちはした》
　　　'usa'oka 'ipe renkayne ku=koro.《いろんな食べ物を沢山買った》

(2) 'oya《別の、他の》
ex.　'oya kotan 'onne 'oman.《彼はよその村へ行った》

⑥　時制について
アイヌ語には積極的に時制を表示する形式はなく、V の裸の形は V で表される行為が確定的なことを、現在でも過去でも表すことができる。未来など未確定な行為の時は、V に kusu を付けて使う。すなわち、過去に起った事実を述べる時は過去を表す時の副詞などを添えて V をそのまま使えばよい。また習慣的な行為にも V をそのまま使える。
ex.　nuuman Kusiro 'onne ku='oman.《昨日釧路へ私は行った》
　　　kesto'asinkoh Kusiro 'onne ku='oman.《毎日私は釧路へ行く》
　　　simma suy Kusiro 'onne ku='oman kusu.《明日また私は釧路へ行きます》

第7課　'ATAYEHE YUHKE 高いですね
アタイェヘ　ユフケー

会話6

A: *mikan* hempahno 'okay hii?
みかん　ヘンパハノ　オカイ　ヒー？

B: 1, 2, 3, 4, 5, 6, 7, 8, 9, 10, 11, 12.

sineh, tuh, reh, 'iineh, 'asneh, 'iwampe, 'arawampe,
シネヘ、トゥフ、レヘ、イーネヘ、アシネヘ、イワンペ、アラワンペ、

tupesampe, sinepisampe, wampe, sineh'ikasmawampe,
トゥペサンペ、シネピサンペ、ワンペ、シネヘイカシマワンペ、

tuh'ikasmawampe.
トゥフイカシマワンペ。

mikan tuh'ikasmawampe 'okay.
みかん　トゥフイカシマワンペ　オカイ。

A: tah 'atayehe hempahno 'ani hii?
タハ　アタイェヘ　ヘンパハノ　アニ　ヒー？

B: 'iwantanku 'en.
イワンタンク　エン。

A: yaykistee! 'ampene 'atayeruy.
ヤイキシテー！　アンペネ　アタイェルイ。

B: tarampe ne'ampe 'asnetanku 'en.
タランペ　ネアンペ　アシネタンク　エン。

A: ne'anah tampe tuh 'en=konte waa.
ネアナハ　タンペ　トゥフ　エンコンテ　ワー。

B: 'atayehe 'okore sinewantanku 'en 'an.
アタイェヘ　オコレ　シネワンタンク　エン　アン。

A: tan wantanku 'en 'ikoro 'eci=konte kusu.
タン　ワンタンク　エン　イコロ　エチコンテ　クス。

B: 'ee, 'ampene 'iyayraykiree.
エー、アンペネ　イヤイライキレー。

日本語訳

A: ミカンはいくつありますか？
B: 1つ、2つ、3つ、4つ、5つ、6つ、7つ、8つ、9つ、10、11、12。
　　ミカンは12あります。
A: これはいくらですか？　　　　　B: ６００円です。
A: いやあ。すごく高いですね。　　B: それでは、あれは５００円ですよ。
A: じゃあ、それを２つください。　B: 全部で千円になります。

A：これ、千円あげます。　　　　B：はい、どうもありがとうございました。

語句：
hempahno《どのぐらい、いくつ》　　'atayehe《値段》
'iwantanku《600》　　　　　　　　　yaykistee《あらまあ、いやいや》
'atayeruy《値段が高い》　　　　　　ne'ampe《～は（対比）》
'asnetanku《500》　　　　　　　　　ne'anah《それでは》
konte《～に～を与える》　　　　　　'okore《全部で》
sinewantanku《1000》　　　　　　　wantanku'en'ikoro《千円札》
'iyayraykire《ありがとう》　　　　　'ee《はい》

学習事項：
① 数え方

　アイヌ語の数詞は hot《20》を基準とする 20 進法のシステムが行われているというのが一般的な定説である。しかし樺太アイヌ語では、10 の単位、100 の単位を意味する新語を外来語経由で受け入れて、10 進法システムが導入されて定着した結果、北海道アイヌ語では容易に数えられない 1000 以上の数でも、樺太アイヌ語では容易に数えられるようなシステムが確立した。その外来語とは、kunkutu《～十》、tanku《～百》、wantanku《～千》などである。これらの外来語が、いつ、どのような経由で入ってきたかは不明であるが、ドブロトボルスキーの辞書によると、ツングース系の言語を経由して大量のテン皮の交易の際に用いられるようになったようである。興味深いのは、アイヌ語古来の語 hot《20》の名残と思われる hohne《20》という古形がライチシカ方言の老人言葉として藤山ハルによって報告されていることである。『アイヌ語方言辞典』。以下の表は 1 から 3000 までの二つの語形、～つ、～人を、北海道沙流方言と対比して示した。

〈表9〉樺太アイヌ語と北海道アイヌ語の数詞比較表

日本語	樺太ライチシカ方言	北海道沙流方言
1つ、1人	sineh, sine'aynu	sinep, sinen
2つ、2人	tuh, tu'aynu	tup, tun
3つ、3人	reh, re'aynu	rep, ren
4つ、4人	'iineh, 'iine'aynu	'inep, 'inen
5つ、5人	'asneh, 'asne'aynu	'asiknep, 'asiknen
6つ、6人	'iwanpe, 'iwanaynu	'iwanpe, 'iwaniw
7つ、7人	'arawanpe, 'arawanaynu	'arwanpe, 'arwaniw
8つ、8人	tupesanpe, tupesanaynu	tupesanpe, tupesaniw

9つ、9人	sinepisanpe, sinepisanaynu	sinepesanpe, sinepesaniw
10、10人	wanpe, wanaynu	wanpe, waniw
11	sineh 'ikasma wanpe	sinep 'ikasma wanpe
12	tuh 'ikasma wanpe	tup 'ikasma wanpe
20	tukunkutu, hohne〔老〕	hot, hotnep, hotnen
21	tukunkutu sineh	sinep 'ikasma hot
22	tukunkutu tuh	tup 'ikasma hot
30	rekunkutu	wanpe 'etuhot
40	'iinekunkutu	tuhot
50	'asnekunkutu	wanpe 'erehot
60	'iwankunkutu	rehot
70	'arawankunkutu	wanpe 'e'inehot
80	tupesankunkutu	'inehot
90	sinepisankunkutu	wanpe 'e'asiknehot
100	sinetanku	'asiknehot
101	sinetanku sineh 'ikasma	sinep 'ikasma 'askunehot
110	sinetanku 'orowa wampe	wanpe 'ikasma 'askunehot
111	sinetanku 'orowa sineh 'ikasma wampe	sinep 'ikasma wanpe 'ikasma 'askunehot（?）
200	tutanku	wanhot
300	retanku	わからない
1000	sinewantanku	わからない
2000	tuwantanku	わからない
3000	rewantanku	わからない

〔参考文献〕

(1) 服部四郎篇『アイヌ語方言辞典』岩波書店　1964
(2) J．バチラー『アイヌ・英・和辞典』第4版　1938
(3) M．ドブロトボルスキー（1875）『アイヌ語・ロシア語辞典』in Kirsten Refsing ed. "Early European Writings on the Ainu Language, Vol.3" Curzon, 1996
(4) 池上二良『ウイルタ語辞典』北海道大学図書刊行会　1997

② 値段の聞き方
　'atayehe hempahno 'ani hii?《いくらですか？》
　'atay《値段》は日本語のアタイ（値）からの借用語。'atayehe はその所属形で《その値段》という意味。hempahno は副詞で《どのくらい》の意味。

③ 対格人称接辞

第2課の〈表2〉と第6課の〈表8〉で、動詞に主格人称接辞のついた形を学んだが、このほかに、他動詞や後置詞に接続して使われる対格人称接辞がある。〈表10〉に、人称接辞の主格形と対格形をあわせて示す。対格人称接辞は動詞のほかに位置名詞、後置詞にも接辞する。

例えば、'en=empokehe《私の下》、'en=oponi《私の後から》 など。

〈表10〉人称接辞、主格と対格

主格人称接辞			対格人称接辞		
人称	単数	複数	人称	単数	複数
一人称	ku=	'an=/='an	一人称	'en=	'i=
二人称	'e=	'eci=	二人称	'e=	'eci=
三人称		=hci	三人称		=hci

ex.　tuh 'en=konte waa.《二つ私にちょうだい》
　　　ponno 'en=teere kanne.《少し待ってください》
　　　'en=oponi 'eh waa.《私の後から来なさい》

④　抱合人称接辞

目的語をとる動詞（v2, v3）、つまり他動詞に人称接辞が接続するときは、抱合人称接辞がつく。例えば、2他動詞（v3）konte《与える》に、《私がお前に》を意味する抱合人称接辞 'eci= をつけて、tah 'eci=konte kusu.《これを私がお前にあげるよ》ということができる。

抱合人称接辞は、〈表11〉の通りである。ただし、一人称複数 'an=/='an は他動詞には前接し、自動詞には後接する。また、この一人称複数接辞は、〔老人ことば〕では一人称単数として用いられる。

〈表11〉抱合人称接辞

主＼対	1単	1複	2単	2複	3単	3複
1単			'eci=	'eci= =yan	ku=	ku= =hci
1複			'ane=	'eci= =yan	'an=	'an= =hci
2単	'en=	'i=			'e=	'e= =hci
2複	'en= =yan	'i= =yan			'eci=	'eci= =hci
3単	'en=	'i=	'e=	'eci=		=hci
3複	'en= =hci	'i= =hci	'e= =hci	'eci= =hci	=hci	=hci

ex.　tanto nisahta 'ohorono ku=numa.　《今朝私は遅く起きた。》
　　　tanto nisahta 'ohorono payki='an.　《今朝私たちは遅く起きた。》

この文は〔老人ことば〕では、《今、私は遅く起きた。》の意味になる。ただし、payki は numa《起きる》の複数形。

ex. ponno 'en=teere kanne.《ちょっと待って下さい。》
'eci=teere 'eci=teere yahka ku=koyaykus.
《私はお前を待って待っていたができなかった（お前は来なかった）。》
'anoka tu'aynu 'an=koro teh 'ane=konte kusu.
《私たち二人が買ってあなたにあげましょう。》
'eci'oka tu'aynu pirika 'imii 'eci=koro 'ike 'en=konte=yan.
《あなたたち二人がいい着物を買って私にくれた。》

⑤ 授受動詞
　日本語の「あげる」「もらう」「くれる」のような授受動詞は、アイヌ語では konte（v3）《与える》、koore（v3）《手渡す》などのような3項動詞に抱合人称接辞を接続して表現される。

ex. tan wantanku 'en 'ikoro 'eci=konte kusu.《これ千円をあげます》
ku=koro teh taranoka 'aynu 'utara ku=konte=hci kusu nah ku=ramu huu.
《私が買ってあの人たちにあげようと思う》
ku=koro teh 'eci=konte=yan kusu.《私が買ってお前たちにあげましょう》
taranoka henke 'utara neera'ampe koro=hci teh 'e=konte=hci kusu nee manu.
《あのおじいさんたちが何か買ってお前にあげるということだ》
'eci'oka tu 'aynu pirika 'imii 'eci=koro 'ike 'en=konte=yan.
《お前たち二人が良い着物を買って私にくれた》

　同じような意味を持つ動詞は、konte以外にkoore（v3）《手から手に渡す》korara（v2）《人にやる、クレテヤル》などの動詞がある。

第8課　HEMATA 'E=KII KUSU 'AN?
ヘマタ　エキー　クス　アン？

何をしてるの？

会話7

A: 'ahci. tani hemata 'e=kii kusu 'an?
アハチ。タニ ヘマタ エキー クス アン？

B: suukawka 'an=kii kusu 'an.
スーカウカ アンキー クス アン。

A: hemata suukawka 'e=kii kusu 'ene 'ani hii?
ヘマタ スーカウカ エキー クス エネ アニ ヒー？

B: henke 'imii 'an=kara kusu 'an.
ヘンケ イミー アンカラ クス アン。

A: hannehka 'e=sinkaa?
ハンネヘカ エシンカー？

B: 'ampene sinka='an.
アンペネ シンカアン。

A: ponno yasumi='anahcii.
ポンノ ヤスミアナハチー。

B: siina'an. nah 'an=kihcii.
シーナアン。ナハ アンキヒチー。

A: taranoka 'aynu 'utah hemata ki=hci kusu 'okay=ahci hii?
タラノカ アイヌ ウタハ ヘマタ キヒチ クス オカヤハチ ヒー？

B: taranoka 'aynu 'utah hemata ki=hci kusu 'okay=ahcihi
タラノカ アイヌ ウタハ ヘマタ キヒチ クス オカヤハチヒ

hee 'an=eram'eskari.
ヘー アネラム エシカリ。

日本語訳

A：ばば。今何をしているの？　　　　　B：縫い物をしているんだ。
A：何の縫い物をそんなにしてるの？　　B：おじいさんの着物を作っているんだ。
A：疲れないかい？　　　　　　　　　　B：すごく疲れたよ。
A：少し休もう。　　　　　　　　　　　B：そうだね。そうしよう。
A：あの人たちは何をしているんだろう？　B：あの人たちが何をしているか私は知らない。

語句：

kusu 'an《～している》　　　　　　　　suukawka《お裁縫、ぬいもの》
'ene《こんなに、そんなに》　　　　　　henke《おじいさん》
'imii《着物》　　　　kara《作る》　　　　sinka《疲れる》

第 8 課

hannehka《〜ない》　　ponno《少し》　　　yasumi《休む》
taranoka 'aynu 'utah《あの人たち》　　'eram'eskari《知らない》
nah《そのように》　　　hee《〜だか》

学習事項：

① 色々な動作の表現「〜をする」
　アイヌ語の動詞語幹は、動詞として動作を表現する機能のほかに、「〜すること」を意味する動名詞としても使われる。従ってこの動名詞に kii《する》を付けて、色々な動作を表現することができる。例えば、suukawka は《裁縫する》という動詞のほかに《裁縫、ぬいもの》という動名詞として機能する。suukawka kii は《ぬいものをする》。ちょうど日本語の「〜をする」と同じ構造である。

ex.　suukawka《裁縫》　　　　suukawka kii《縫い物（をする）》
　　'ipekara《料理》　　　　　'ipekara kii《食事の仕度をする》
　　'ahkas《散歩》　　　　　　'ahkas kii《散歩をする》
　　nisahta'ipe《朝食》　　　 nisahta'ipe kii《朝食をとる》
　　toonoski'ipe《昼食》　　　toonoski'ipe kii《昼食をとる》
　　'onuuman'ipe《夕食》　　　'onuuman'ipe kii《夕食をとる》
　　monrayki《仕事》　　　　　monrayki kii《仕事をする》

② 接続助詞（ac）
　動詞に接続して、全体が副詞節として働き、ある意味を付して文を続ける機能を持つ助詞を接続助詞 adverbial conjunction,（ac）と呼ぶ。接続助詞は一文中に複数用いることも可能である。接続助詞は多数あるが、ここでは主要なものだけを挙げる。

（1）teh 《〜して、〜てから》
　　一つの行動が終って次の行動が行われる。
ex. tara 'aynu 'oman hemaka teh ku'ani ku='eki hii.
　　《あの人が行ってしまってから私は来た》
　　tah ku=koro teh ku='eh. 《これを私が買って来た》

（2）'ike 《〜すると〜だ、〜して〜だ、〜して〜して〜だ》
　　前の行動に引き続いて次の行動が行われる。前の行動が後の行動の原因を表すこともある。
ex. 'ahci cis kanne yuukara 'ike 'en=nuure.
　　《ババは泣きながら歌って聞かせてくれた》
　　'unci 'isam 'ike ku='esinka. 《火がないと困る》

（3）wa 《〜して〜する》

前の行動と後の行動が一体となって一つのまとまった行動として表現する。
混然として一つになった二つの動作に用いられる。

ex. paase kusu 'an='okasura 'ani 'an=cahseka wa 'an='omante.
《重いから押しながらずらして行かせた》
'e'ani koro wa 'i=konte.《お前、私に買ってくれ》

（4）kusu 《～のために、～しに、～から、～ので》
目的、理由、原因を表す。

ex. Hokkaidoo 'onne paye='an kusu 'ikoro renkayne 'an='esiwpu teh
'an='ampa teh paye='an.
《北海道へ行くために私はお金をたくさんかせいで持って行った》
'anoka wahka 'an=taa kusu paye='an 《私は水を汲みに行った》

（5）'ani〔老〕《～によって、～して、～ながら、～ので》
手段、方法、理由を表す。〔若者ことば〕では 'ani は 4 課 'aynu 'itah 'ani
《アイヌ語で》で見たように名詞に後続する後置詞《～で》として用いられる。

ex. 'an='e'ukotuuri 'ehekem 'ani 'an='ukawka kusu 'an.
《私たちは互いに伸ばし引っぱり合って縫っている》
'e='eh 'ani 'an='ekiroro'an.《お前が来たので私はうれしい》

（6）kanne 《～ながら、～して》
継続的な動作と並行して他の動作が行われる。《～ながら、～して》

ex. 'ahci cis kanne yuukara 'ike 'en=nuure.
《ババは泣きながら歌ってきかせてくれた》
'ocinakarine yaykara kanne 'ahkas waa.
《気をつけて身仕度をして旅立ちなさい》

（7）yayne 《～ながら、～して、ずっと～して終に～する》
長く継続され、あるいは繰り返された動作の終る頃に次の動作が起る。

ex. hempah suy ka teeta ku='eh yayne tani 'aynu'itah 'ampene ku=wante.
《何度かここに来ているうちに今アイヌ語がとてもわかるようになった》
ku=henoye yayne ku=mokoro hemaka.
《うとうとしているうちに私は眠ってしまった》
yayne の前に -n がくると同化によって yayne が nayne になることがある。
例えば、
'itak=an nayne toonosiki 'oman hemaka.
《私たちが話をしているうちにお昼になってしまった。》

（8）'omantene 《さんざん～したあげく、何度も～したあとで》

第8課

何度もある行動が行われた後に次の行動に帰着する。前行の動作と後行の動作が不連続で、無関係のことが多い。

ex. nampecikoh nampecikoh 'omantene sehpokosma hemata? ruy.
《顔を洗っては顔を洗っては棚に入ってしまうもの、なあに？ 砥石》
tara hekaci 'ampene cis cis 'omantene tani 'inkara kusu 'an.
《あの子はさんざん泣いたあげく今きょとんと見ている》

(9) ko'ekaari〔老〕《～の最中に、～の途中で》
ある行動が行われている中間点で他の行動が起る。

ex. 'an='e'ukoweepekere ko'ekaari 'oyah wa 'aynu 'eh.
《互いにうわさしている最中によそから人が来た》
'ipe='an ko'ekaari tara 'aynu 'eh.《食事の最中にあの人が来た》

(10) koh, kohki〔老〕《～すると、～したとたん、同時に》
ある行動が行われると、決まったように引続いてすぐ次の動作が行われる。

ex. kamuy hum 'an koh 'ahto ran.《雷鳴がしたとたん雨が降り出した》
tara hekaci 'aynu 'eh koh neera'annahka nani cis.
《あの子は人が来ると必ずすぐ泣く》

(11) ranke 《～たり～たりする、～を繰返す》
ある動作が終って次に他の動作をする。そして更に次の動作が行われる。または同じ動作を繰返し行う。この時、動作と動作との間に間隔があるのが特徴である。

ex. kesto 'asinkoh kampi ku=nuye ranke ku='an.
《私は毎日（何度も）勉強をしている》
nuye ranke 'an, nuye ranke 'an.《書いては休み、書いては休みしている》

(12) 'etokota 《～る前に、～た前に》
ある動作が行われる以前に他の動作が行われる。

ex. simma ku'ani ku='eh kun 'etokota hanka 'omanu waa.
《明日私が来る前に行かないでくれ》
nuuman ku'ani ku='eh 'etokota tara 'aynu 'omanu wa 'isam.
《きのう私が来る前にあの人は行ってしまった》

(13) 'okaaketa 《～したあと》
ある動作が終った後に次の行動が継続される。

ex. 'ahci 'oman 'okaaketa ku='eh.《ババが行ったあとで私は来た》
kunanna 'oman 'okaaketa ku=yaykonismu.
《私の姉さんが行ったあとずっと私はさびしい》

（14）yahka, yahkayki〔老〕《〜のに、〜ても》
ある動作が行われるにも拘らず逆説的な状況や動作が発生する。譲歩節をつくる。

ex. neera 'an=kii yahka pirikano hannehka 'an=kii. 《どうしてもよくできない》
renkayne 'imii mii teh 'ekasre seeseh yahka wen.
《たくさん着物を着て暖かくしすぎてもわるい》

（15）'anah 《〜たら、〜えば》
仮定表現。ある動作が起るという条件が満たされれば、他の動作が起る。未来のことに使われる。

ex. 'uko'itah='an 'anah 'e=wantehe nee nanko.《話し合えばお前はわかるだろう》
simma 'ahtoran 'anah hannehka ku='oman kusu.
《あした雨が降ったら私は行かないよ》（雨が降るかどうか分からない）

（16）ciki 《〜たら、〜するから》
ある動作が起りそうだと想像して、もしその動作が起れば他の動作が起る。あるいはある動作が起ることが確定的で、それが起った場合に他の動作が起る。

ex. 'e=kon rusuype 'an ciki yee waa.
《お前のほしいものがあったら言いなさい》
simma 'ahto ran ciki hannehka ku='oman kusu.
《あした雨が降ったら私は行かない》（雨が降りそうだと思っている）
'eci=koore ciki 'uh waa.《お前に渡すから受け取りなさい》

接続助詞は、以上挙げた例のほかにも pahno《〜するまで》、'ohta（〜するとき》、neeno《〜するように》など多くある。ここでは省略する。

③ 助動詞連語
アイヌ語にも、日本語の「〜している」と同じように、動詞に前述の②接続助詞がついて、さらに 'an, kara などの補助動詞を添えて、動作の継続や完了などのアスペクト的意味を表すことができる。このような連語を助動詞連語と呼ぶことにする。用例を以下に示す。なお、これに関しては次の9課で詳しく扱う。

（1） kusu 'an
動作または状態の継続を表す。《〜している》

ex. 'ahci tani suukawka kusu 'an.《ババはいま縫い物をしている》
tani 'ommo 'ipekara kusu 'eyaykarakara kusu 'an.
《今母さんは食事をつくるために食事の準備をしている》
tani 'ahtoran kusu 'an.《いま雨が降っている》

第8課

cuhnikeh 'uwa'uwa kusu 'an.《日光がキラキラ照っている》

(2) teh 'an 《〜した状態でいる、〜している》
　　完了の結果の継続、状態の継続を表す。
ex. nahte teh 'an kusu 'an.《こうやっている》
　　'ipe hemaka teh 'an kusu 'an.《もう食べ終わっている》
　　'atuywahka siwninnoo teh 'an.《海の水は青々としている》
　　cuhnikeh 'uwa'uwa teh 'an.《日光がキラキラしている》
　　kitayehe merimerih teh 'an.《屋根がピカピカ光っている》

(3) kusu kara《〜するところだ、〜しようとしている、〜しそうだ》
　　まさに行われんとする状態、着手寸前の動作、予定の行動、確定している未来の行動などを表す。
ex. tani 'opehteh kusu kara《もうなくなりそうだ》.
　　'urukay 'urukay 'ipe hemaka kusu kara=hci.
　　《もうちょっとで彼らは食事が終わるところだ》
　　tani 'isanka cis kusu kara cah neeno 'an.《今にも泣きそうに見える》
　　'ekuhte teh 'oyasi 'asin kuru kara.《暗くなってお化けが出そうだ》
　　koy naa yuhke kusu kara nah sipiika yee.
　　《波も強くなるとスピーカーが言った》
　　tani 'uunas 'an='ee kusu 'an=kara haa.《いまちょうど食事をするところだ》

なお、助動詞、助動詞連語（aux）については第9課で詳しく学ぶ。

第9課　WAHKA KU=KUU RUSUY
ワハカ　ク　クー　ルスイ

水が飲みたい

会話8

A: kurekucihi sahteh hemaka.
クレクチヒ　サハテヘ　ヘマカ。

B: hemata 'e=kuu rusuy?
ヘマタ　エクー　ルスイ？

A: *caa* ku=kuu rusuy. 'e'ani neyke temana?
チャー　ククー　ルスイ。エアニ　ネイケ　テマナ？

B: ku'ani sake ku=kuu rusuy.
クアニ　サケ　ククー　ルスイ。

A: ku'ani neyke *sake* ku=kuu 'e'aykah.
クアニ　ネイケ　サケ　ククー　エアイカハ。

B: ne'anah 'e'ani ne'ampe seeseh wahka kuu waa.
ネアナハ　エアニ　ネアンペ　セーセヘ　ワハカ　クー　ワー。

　ku'ani ne'ampe *sake* ku=kuu kusu.
　クアニ　ネアンペ　サケ　ククー　クス。

A: nah 'an=kii=hcii. ne'anah, 'an=kuu=hcii.
ナハ　アンキーヒチー　ネアナハ　アンクーフチー。

B: nee ceh ka 'isami hii?
ネー　チェヘ　カ　イサミ　ヒー？

A: 'isam. 'otoopempe pateh 'okay.
イサム。オトーペンペ　パテヘ　オカイ。

B: ne'anah 'otoopempe tura *sake* ku=kuu kusu.
ネオナハ　オトーペンペ　トゥラ　サケ　ククー　クス。

A: 'ampene keera'an!
アンペネ　ケーラアン！

日本語訳
A：私はのどがかわいてしまった。
B：お前は何が飲みたい？
A：お茶が飲みたい。お前はどう？
B：私はお酒が飲みたい。
A：私はお酒は飲めないよ。
B：じゃあ、お前はお茶を飲みなさい。　私はお酒を飲むから。
A：そうしよう。じゃあ　飲もう。
B：何か魚はないか？
A：ないよ。お菓子だけたくさんある。

第9課

B：じゃあ 私はお菓子といっしょにお酒を飲むよ。
A：とてもおいしい！

語句：
rekucihi《のど》　　　　sahteh《カラカラに乾く》　kuu《のむ》
rusuy《〜したい》　　　caa《お茶》　　　　　　　ne'anah《それでは》
sake《酒》　　　　　　　'e'aykah《〜ができない（能力がなくて）》
ke'anah《さあ》　　　　nah《そう、そのように》　nah kii《そうする》
neyke《〜は》　　　　　ne'ampe《〜は》　　　　　'isam《ない》
pateh《〜だけ》　　　　ceh《魚》　　　　　　　　'otoopempe《お菓子》
tura《〜といっしょに》　keera'an《おいしい》

学習事項：
① 助動詞、助動詞連語（aux）
　動詞 v と統合して、動詞節としての機能は変えないが、v の表す意味に、可能、推量、願望、断定、程度、完了などの v のアスペクトやムードなど、主観的意味を添える働きをする補助動詞群を、助動詞、助動詞連語と呼ぶ。
　助動詞連語の一部は、第8課で学習したが、ここでは良く使われる助動詞と助動詞連語を学習する。主なものを以下に挙げる。

（1）hemaka 《〜しおわる、〜してしまう、〜やむ》
　　動作の完了を表す。日本語と同じように、思わず予期しない状態に陥った場合にも用いる。
ex. wahka tunke 'ene ren hemaka.《水の中に沈んでしまった》
　　'itak=an nayne toonosiki 'oman hemaka.
　　《私たちが話をしているうちにお昼になってしまった》
　　rayohteponno cis hemaka. puurikara hemaka.
　　《ようやく泣き止んだ。おとなしくなった（こどもが）》
　　tanto Oota 'ahci neera'an nahka 'eh kuni 'an=ramu. tani 'eh hemaka.
　　《今日は太田ババは何があっても来ると思う。ほら、来たよ》
　　'ipe 'an=kara hemaka.《食事の支度が完了した》

（2）rusuy 《〜したい、〜しやすい、すぐ〜してしまう、〜しがちだ》
　　願望を表す。また、「すぐそうなってしまう、そうなりやすい、そうなる傾向がある」という意味を表すこともある。
ex. 'ipe ka ku=kii rusuy, tampaku ka ku=kuu rusuy, mokoro ka ku=kii rusuy, 'itah ka ku=kii rusuy, 'utasa ka ku=kii rusuy, 'ikoro ka naaruy poronno ku=kon rusuy.
　　《食べることもしたい、煙草も飲みたい、寝もしたい、おしゃべりもしたい、

遊びにも行きたい、(だけど) 私はお金がいちばんほしい》
teeta 'okay=an=ike 'onke pateh 'an=kii rusuy cah neeno 'an.
《ここにいると私は風邪ばかり引いてしまうようだ》

(3) 'e'aykah 《〜ができない》
不可能。能力がなくてできないことを表す。
ex. 'ampene suukawka ku='e'aykah.《(不器用で) 全然お裁縫ができない》
tara henke 'aynu'itah 'e'aykah.《あのおじいさんはアイヌ語が全然できない》

(4) koyaykus 《〜ができない》
不可能。周囲の事情によってできないことを表す。
ex. 'ampene montapi kusu 'ampene suukawka ku=koyaykus.
《すごく忙しいので全然お裁縫ができない》
tanto nisahta 'ampene 'ahto ran kusu ku=eh ka ku=koyaykus.
《今朝すごく雨が降ったので私は来ることができなかった》

(5) 'e'askay 《〜ができる、〜が上手だ》
可能、よくできる、上手なことを表す。
ex. 'ampene suukawka 'e='e'askay.《とてもお裁縫が (お前は) よくできる》

(6) 'an〔老〕《〜しているN、〜したN》
完了を表す。ただし、これは連体形でしか使われない。
ex. 'ariki 'an 'aynu 'utah《来ている人たち》
'eh 'an 'aynu《来ている人》

(7) wa 'isam 《〜してしまう(姿が見えない)、〜してなくなった》
何らかの動作が行われた結果その主体がなくなってしまった状態を表す。
ex. tara meko ne'ene ka 'omanu wa 'isam.《あのネコ、どこかへ行ってしまった》

(8) 'ekasure 《〜しすぎる、あまりにも〜だ》
程度が過度なことを表す。
ex. ku='ahkas 'ekasure.《私は歩きすぎた》
ku'ani 'enohta ne'anah pirika 'ekasure.《私にはよすぎる。》

(9) ka hankii, ka hannehka kii 《〜しない、〜はしない》
打ち消しを表す。起源的には、動詞 kii に否定接辞 han- が前置した形であるが現在は助動詞的に使われている。
ex. 'an='ehekem yahka paase 'ike 'ampene simoyma ka hankii.
《私が引っぱっても重いから全く動かない》

'an='ehekem yahka paase 'ike 'ampene simoyma ka hannehka kii.
《私が引っぱっても重いから全く動かない》
naa ponno ponno 'an 'anah toonosiki 'an kusu kara. ku=sinka hannehka ku=kii. 《もう少ししたらお昼になる。（だから）私は疲れはしないよ》
ku='ee ka hanki 'ipe neyke *tomato* nee. 《私が食べない食物はトマトだ》

② 命令形、依頼形

命令形は、相手が単数の場合には、動詞の語幹をそのまま末尾を上げて言えばよい。相手が複数の場合は、動詞複数形に -yan をつけて言う。ただし -yan は一人称単数と二人称複数との抱合人称接辞である（第7課参照）。また、動詞に依頼の終助詞をつけて依頼形をつくることができる。依頼形を作る終助詞は kanne, waa, koh などがあり、この順で丁寧度が高い。koh は子どもなど目下の者にしか使えない命令形を作る終助詞である。

ex. pirikano 'oman.《気をつけて行け》
pirikano paye=yan.《気をつけてみんな行きなさい》
pirikano 'omanu waa.《気をつけて行きなさい》
pirikano paye=yan kanne.《気をつけて行ってらっしゃい》
hanka yaykatanu kanne 'ipe=yan kanne.《遠慮せずにみんなで食べてください》
'e=ye=hcihi neeno kii waa.《言われた通りにしなさい》
tah 'ampa koh!《これ、持って行け！》

索引（アイヌ語）

アイヌ語	日本語	課−ページ
[A]		
'aa	座る	1-03
'ahci	おばあさん	3-10
'ahci cis kanne yuukara 'ike 'en=nuure.	ババは泣きながら歌って聞かせてくれた	8-30
'ahci cise 'ohta sinenehka 'an.	ババは家に一人でいる	5-17
'ahci 'oman 'okaaketa ku='eh.	ババが行ったあとで私は来た	8-32
'ahci tani suukawka kusu 'an.	ババは今縫い物をしている	8-33
'ahkas	散歩	8-30
'ahkas kii	散歩をする	8-30
'ahtoran	雨が降る	6-21
'ampene	とても	6-20
'ampene montapi kusu 'ampene suukawka ku=koyaykus.	すごく忙しいので全然お裁縫ができない	9-37
'ampene suukawka 'e='e'askay.	とてもお裁縫が（お前は）よくできる	9-37
'ampene suukawka ku='e'aykah.	（不器用で）全然お裁縫ができない	9-37
'an	ある、いる〔sg.〕	5-16, 5-17
'an	〜しているN，〜したN〔老〕	9-37
'an='ehekem yahka paase 'ike 'ampene simoyma ka hankii.	私が引っぱっても重いから全く動かない	9-37
'an='ehekem yahka paase 'ike 'ampene simoyma ka hannehka kii.	私が引っぱっても重いから全く動かない	9-38
'an='e'ukotuuri'ehekem 'ani 'an='ukawka kusu 'an.	私たちは互いに伸ばし引っぱり合って縫っている	8-31
'an='e'ukoweepekere ko'ekaari 'oyah wa 'aynu 'eh.	互いにうわさしている最中によそから人が来た	8-32
'an=nee	私たち〜だ	2-09
'an=nee	わたし〔老〕は〜だ	3-10
'anah	〜たら、〜えば	8-33
'ani	〜で	4-12, 4-13

'ani	〔老〕～によって、～して、～ながら、～ので	8-31
'anoka(y)	私たち、〔老〕私	2-09, 3-10
'anoka tu'aynu 'an=koro teh 'ane=konte kusu.	私たち二人が買ってあなたにあげましょう	7-28
'anoka wahka 'an=taa kusu paye='an.	私は水を汲みに行った	8-31
'arawan	7つの	1-07
'ariki	来る〔pl.〕	1-04
'ariki 'an 'aynu 'utah	来ている人たち	9-37
'asnetanku	500	7-25
'atay	値段	7-26
'atayehe	（その）値段	7-25, 7-26
'atayehe hempahno 'ani hii?	いくらですか？	7-26
'atayeruy	値段が高い	7-25
Atuy nispa	アトゥイニシパ、屈斜路コタンのアイヌ民族歌舞団「モシリ」の団長、豊岡征則氏の呼び名、ニシパは偉い男性につけて呼ぶ敬称	3-10
'atuywahka siwninnoo teh 'an.	海の水は青々としている	8-34
'ay	矢	4-14
'ayehe	だれかの矢	4-14
'aynu 'itah 'ani	アイヌ語で	8-31
'aynu 'okore 'uneeno 'ariki=hci.	みんな一緒に来た	6-22
'aynu'itah	アイヌ語	1-07, 4-12

[C]

caa	お茶	9-36
caaca	父さん	1-03
caru,-hu	口	4-12
cas	走る	1-03
ceh	魚	1-04, 4-15, 9-36
cepihi	だれかの魚	4-15
cih	舟	1-02, 1-03, 4-15

cih 'onnaykehe poro.	舟の中は大きい	5-17
cih 'onnayketa sine pon hekaci 'an.	舟の中に赤ちゃんがいる	5-18
cii	枯れる	1-01
cikah	鳥	1-07,5-16
ciki	〜たら、〜するから	8-33
cikuwe kasketa 'itanki 'an.	机の上に茶碗がある	5-17
cikuwe kasketa neera'ampe ka 'isam.	机の上には何もない	5-17
cikuwe kasketa teepu 'an.	机の上にテープがある	5-17
cikuwe sanketa suu 'an.	机のそばになべがある	5-18
cipihi	だれかの舟	4-15
cis	泣く	1-02,1-03
cise	家	1-04
cise 'ohta	家で	6-21
cise 'onnayketa nee 'aynu ka 'isam.	家の中にはだれもいない	5-17
cise soyketa sine 'aynu 'an.	家の外に一人の男がいる	5-17
cise soyketa sine hekaci 'an.	家の外に子供が一人いる	5-19
cuhceh	シャケ	1-04
cuhnikeh 'uwa'uwa kusu 'an.	日光がキラキラ照っている	8-34
cuhnikeh 'uwa'uwa teh 'an.	日光がキラキラしている	8-34

[E]

'e 'ani	あなた、おまえ	2-08
'e='eh 'ani 'an='ekiroro'an.	お前が来たので私はうれしい	8-31
'e=kon rusuype 'an ciki yee waa.	お前のほしいものがあったら言いなさい	8-33
'e=nee	おまえ〜だ	2-09
'e=ye=hcihi neeno kii waa.	言われた通りにしなさい	9-38
'e'ani	おまえ	3-11
'e'ani koro wa 'i=konte.	お前、私に買ってくれ	8-31
'e'askay	〜ができる、〜が上手だ	9-37
'e'aykah	〜ができない（能力がなくて）	9-36

'eci=	私がお前に	7-27
'eci=koore ciki 'uh waa.	お前に渡すから受け取りなさい	8-33
'eci=nee	おまえたち〜だ	2-09
'eci=teere 'eci=teere yahka ku=koyaykus.	私はお前を待って待っていたが、できなかった（お前は来なかった）	7-28
'eci'oka tu 'aynu pirika 'imii 'eci=koro 'ike 'en=konte=yan.	お前たち２人が良い着物を買って私にくれた	7-28
'eci'oka（y）	あなたたち	2-09
'ecisehe nahta 'ani hii?	お前のうちはどこにあるの？	6-22
'e'empoketa 'ituye kaani 'an.	お前のすぐ下にハサミがある	5-18
'eh	来る〔sg.〕	1-04
'eh 'an 'aynu	来ている人	9-37
'ekasure	〜しすぎる、あまりにも〜だ	9-37
'ekotanuhu nakorokehe（nee）？	お前の町は何処？	5-19
'ekuhte teh 'oyasi 'asin kuru kara.	暗くなってお化けが出そうだ	8-34
'empoke	真下、すぐ下（くっついていても離れていても）	5-18
'en=empokehe	私の下	7-27
'en=oponi	私の後から	7-27
'ene	こんなに、そんなに	8-29
'enkaa	私の上	1-07
'enkaa	〔老〕離れた上	5-18
'enkaske	離れた上	5-18
'enkekehe pahno naa hannehk aku=yee.	半分までもまだ私は言っていない	6-22
'enoponi 'eh wa.	私の後から来なさい	7-27
'eram'eskari	知らない	8-30
'ereehe hemata?	お前の名前は何？	3-11
'ereehe naata?	お前の名前はだれ？	3-11
'ereehe temana?	お前の名前はどういうの？	3-11
'esapaha 'enkasketa cahraku 'an.	お前の頭の上にランプがある	5-18
'etokota	〜る前に、〜た前に	8-32
'etu,-hu	鼻	4-12

[H]

haaciri	落ちる	1-03
hanka yaykatanu kanne 'ipe=yan kanne.	遠慮せずにみんなで食べてください	9-38
hannehka	〜ない	8-30
haw	声	4-15
hawehe	だれかの声	4-15
hee	〜だか	8-30
heekopo	妹	1-04, 1-07
hekaci	子ども	1-06, 1-07
hekaci 'utah	子どもたち	1-07
hemaka	〜しおわる、〜してしまう、〜やむ	9-36
hemata	何	4-12, 5-19, 6-21
hemata?	なに？	4-13
hemata kusu	なぜ、どうして	5-19
hemoy	マス	1-04
hempah suy ka teeta ku='eh yayne tani 'aynu'itah 'ampene ku=wante.	何度かここに来ているうちに今アイヌ語がとてもわかるようになった	8-31
hempahno	どのぐらい、いくつ	5-19, 7-25, 7-26
hempara	いつ	5-19
hempara neyahka	いつでも	5-19
henke	おじいさん	8-29
hohne	〔老〕20	7-25
Hokkaidoo 'onne paye='an kusu 'ikoro renkayne 'an='esiwpu teh 'an='ampa teh paye='an.	北海道へ行くために私はお金をたくさんかせいで持って行った	8-31
hon,-ihi	腹	4-13, 4-15
honihi	何かの腹	4-15
hoskino Siisam'itah 'ani yee wa 'i=nuure wa. 'orowa Aynu'itah 'ani yee kanne.	はじめに日本語で言って私たちに聞かせてください。それからアイヌ語で言ってください	4-13
hot	20	7-25

hum	音	4-15
humihi	何かの音	4-15
husko	むかし	1-04
huu	生の	1-03
huusa tekihi 'orowa 'ampa kusu 'an.	両手で抱えるようにして持っている	6-22
huusa'otoruke	両側	1-01
huusa'ututuke	両側	1-01

[I]

'ihrih	骨の節	1-03
'ike	〜すると〜だ、〜して〜だ、〜して〜して〜だ	8-30
'iku	酒を飲む（北海道）	1-05
'ikuu	たばこを吸う	1-05, 1-07
'imah,-kihi	歯	4-13
'imii	着物	8-29
'inaw	イナウ	1-03
'ipe	食べ物	6-21
'ipe 'an=kara hemaka.	食事の支度が完了した	9-36
'ipe hemaka teh 'an kusu 'an.	もう食べ終わっている	8-34
'ipe ka ku=kii rusuy, tampaku ka ku=kuu rusuy, mokoro ka ku=kii rusuy, 'itah ka ku=kii rusuy, 'utasa ka ku=kii rusuy, 'ikoro ka naaruy poronno ku=kon rusuy.	食べることもしたい、煙草も飲みたい、寝もしたい、おしゃべりもしたい、遊びもしたい、（だけど）私はお金がいちばんほしい	9-36
'ipe renkayne 'an=koro.	食べ物を沢山買った	6-23
'ipe='an ko'ekaari tara 'aynu 'eh.	食事の最中にあの人が来た	8-32
'ipekara	料理	8-30
'ipekara kii	食事の仕度をする	8-30
'ipetay kaskehe pararaske.	食卓の上は平たくて広い	5-17
'ipetay kasketa 'itanki 'an.	食卓の上にちゃわんがある	5-18
'ipetay nosketa 'itanki 'an.	食卓の真中に茶わんがある	5-18
'irankarahte	おはよう、こんにちは、こんばんは	2-08

索引（アイヌ語）

'isam	ない、なくなる、ちがう、いない	1-02, 4-12, 5-16, 5-17, 9-36
'isan kusu	ないから	1-02
'isan nanko	ないでしょう	1-02
'isan teh	なくて	1-02
'isanka ?	じゃないか？	3-10
'itah	ことば	1-07, 4-15
'itak=an nayne toonosiki 'oman hemaka.	私たちが話をしているうちにお昼になってしまった。	8-31, 9-36
'itakihi	だれかのことば	4-15
'itanki	茶わん	5-16
'iwantanku	600	7-25
'iyayraykire	ありがとう	1-04, 7-25

[K]

ka hankii, ka hannehka kii	～しない、～はしない	9-37
ka hannehka	～ではない	4-12
kaa	糸	1-01, 1-03, 4-14
kaa	〔老〕接触した上	5-18
kaaha	何かの糸	1-04, 4-14
kaata	～の上に	5-16
kah	皮	1-03, 4-15
kah	形、姿	4-15
kahkemah	奥さん	1-07
kam	肉	1-03, 4-15
kamihi	何かの肉	4-15
kampinuye	勉強、勉強する	6-21
kamuy	神	1-03
kamuy hum 'an koh 'ahto ran.	雷鳴がしたとたん雨が降り出した	8-32
kanne	～ながら、～して	8-31

kapuhu	なにかの皮	4-15
kara	作る	1-04, 8-29
kaske	接触した上	5-18
katuhu	何かの形、姿	4-15
ke'anah	さあ	9-36
kee	脂	1-01, 4-14
keehe	何かの脂	1-04, 4-14
keera'an	おいしい	1-05, 9-36
kem	血	4-15
kema,-ha	足	4-13
kemihi	何かの血	4-15
kera'an	おいしい（北海道）	1-05
kes	はずれ	4-15
kesehe	何かのはずれ	4-15
kesto 'asinkoh kampi ku=nuye ranke ku='an.	私は毎日（何度も）勉強をしている	8-32
kesto'asinkoh Kusiro 'onne ku='oman.	毎日私は釧路へ行く	6-23
kii	する	1-01, 6-21, 6-23
kii ke	して	1-04
kisaru,-uhu	耳	4-13
kitayehe merimerih teh 'an.	屋根がピカピカ光っている	8-34
kitayke	てっぺん、頂上、水源	5-18
kocihi	何かの跡	4-15
ko'ekaari	〜の最中に、〜の途中で〔老〕	8-32
koh	跡、穴	1-03, 4-15
koh, kohki	〜すると、〜したとたん、同時に〔老〕	8-32
ko'itah	話しかける	1-02
konte	〜に〜を与える	7-25, 7-27, 7-28
koo	粉	1-01
koore	手渡す	7-28

索引（アイヌ語）

korara	人にやる、クレテヤル	7-28
koro	買う、得る	6-21, 6-23
kotan	村	4-15
kotanuhu	どこかの村	4-15
koy naa yuhke kusu kara nah sipiika yee.	波も強くなるとスピーカーが言った	8-34
koyaykus	〜ができない	9-37
koytah	〜に話しかける	1-02, 1-07
ku 'ani	わたし、ぼく	2-08
ku='ahkas 'ekasre.	私は歩きすぎた	9-37
ku=henoye yayne ku=mokoro hemaka.	うとうとしているうちに私は眠ってしまった	8-31
ku=konopuru	わたしは好きだ	1-01
ku=koro teh 'echi=konte=yan kusu.	私が買ってお前たちにあげましょう	7-28
ku=koro teh taranoka 'aynu 'utara ku=konte=hci kusu nah ku=ramu huu.	私が買ってあの人たちにあげようと思う	7-28
ku=nee	わたしは〜だ	2-08, 2-09, 3-11
ku'ani	わたし	3-11
ku'ani 'enohta ne'anah pirika 'ekasre.	私にはよすぎる	9-37
ku'ani neyke Kiyoko（ku=nee）.	私はキョウコよ	2-09
kucisehe Tokiyo 'ohta 'an.	私の家は東京にある	6-22
ku'ee ka hanki 'ipe neyke tomato nee.	私が食べない食物はトマトだ	9-38
kuh	帯	1-03
kukorope	私の	5-16
kunanna 'oman 'okaaketa ku=yaykonismu.	私の姉さんが行ったあとずっと私はさびしい	8-32
kunkutu	〜十	7-25
kurasno seta	黒いイヌ	1-07
Kusiro 'ohta poro too 'an.	釧路には大きい湖がある	5-17
Kusiro 'onne	釧路へ	6-21
Kusiro 'onne ku='oman kusu.	釧路へ私は行きます	6-22
kusu	〜のために、〜しに、〜から、〜ので	8-31
kusu 'an	〜している	8-29, 8-33

kusu kara	〜するところだ、〜しようとしている、〜しそうだ	8-34
kuu	弓	1-01
kuu	のむ	9-36

[M]

maa	泳ぐ	1-03
mahpooho	女の子	1-07
mahtekuh	女	4-15
mahtekurihi	だれかの女	4-15
meko	ネコ	1-04
mih	孫	1-03
miina	笑う	1-05
mina	笑う（北海道）	1-05
monpeh,-cihi	指	4-13
monrayki	仕事、仕事する	6-21, 8-30
monrayki kii	仕事をする	8-30
mun	非食用の草	4-15
munihi	だれかの非食用の草	4-15

[N]

naa	〜も	1-03
naa ponno ponno 'an 'anah toonosiki 'an kusu kara. ku=sinka hannehka ku=kii.	もう少ししたらお昼になる。（だから）私は疲れはしないよ	9-38
naata	だれ	2-08, 3-10, 3-11, 5-19
nah	そう、そのように	8-30, 9-36
nah kii	そうする	9-36
nahta	どこに、どこで	5-16, 5-17, 5-19, 6-22
nahta 'e=monrayki?	どこでお前は仕事をしてるの？	6-22
nahte teh 'an kusu 'an.	こうやっている	8-34

索引（アイヌ語）

アイヌ語	日本語	ページ
nahwa	どこから	5-19, 6-22
nahwa 'an 'utoroke wa 'ampe 'e=kon rusuy hii?	どっちの側にあるのがお前はほしいか？	6-22
nahwa ka ci'uhpepaste pirika haw 'an kusu 'an.	どこからか珍しいきれいな声がしている	6-22
nakene	どこへ（方向）	5-19, 6-22
nakene 'e='oman kusu?	お前はどこに行くの？	6-22
nakoro pahno	どこまで	6-23
nakoro pahno 'e='oman kusu?	どこまでお前は行くのか？	6-23
nakorokehe	どこ	5-19
nampecikoh nampecikoh 'omantene sehpokosma hemata? ruy.	顔を洗っては顔を洗っては棚に入ってしまうもの、なあに？砥石	8-32
nan,-uhu	顔	1-03, 4-13, 4-15
nanna	姉さん	1-04
nanuhu	だれかの顔	1-04, 4-15
nay kitayketa poro too 'an.	川の源に大きな湖がある	5-18
ne 'okaype	それらのもの	4-13
ne=hci	彼ら～だ	2-09
ne'ampe	それ	4-13
ne'ampe	～は（対比）	7-25, 9-36
ne'an	その	3-11
ne'anah	それでは	7-25, 9-36
nee	～だ	2-08, 2-09
nee	彼～だ	2-09
nee 'aynu ka 'isam	誰もいない	5-17
nee hee?	～か？	4-12
nee ko	～だよ。	4-12
neeno	～するように	8-33
neera 'an=kii yahka pirikano hannehka 'an=kii.	どうしてもよくできない	8-33
neera'ampe ka 'isam	何もない	5-17

neeroh	それらの	3-11
neh	何か	1-04
nekene	どこへ	6-21
ne'okay	それらの	3-11
neya	その	3-11
neyah	それ	4-13
neyke	〜は	2-08, 3-10, 4-12, 9-36
nih	柄	1-03
niikah	樹皮	1-07
nisahta	朝	1-07
nisahta'ipe	朝食	8-30
nisahta'ipe kii	朝食をとる	8-30
nisih	背負い縄	1-03
niskuru kaata kanna kamuy 'an manu.	雲の上に雷神様がいるとさ	5-18
nisteh	硬くなる	1-03
nohkiri,-hi	あご	4-13
noskc	真ん中	5-18
nupuru kitayketa sine nii 'an.	山のてっぺんに一本の木がある	5-18
nuuman ku'ani ku='eh 'etokota tara 'aynu 'omanu wa 'isam.	きのう私が来る前にあの人は行ってしまった	8-32
nuuman Kusiro 'onne ku='oman.	昨日釧路へ私は行った	6-23
nuye ranke 'an, nuye ranke 'an.	書いては休み、書いては休みしている	8-32

[O]

'ocinakarine yaykara kanne 'ahkas wa.	気をつけて身仕度をして旅立ちなさい	8-31
'ohkayo pooho	男の子	1-07
'ohta	〜で、〜に	5-17, 6-22
'ohta	〜するとき	8-33
'okaaketa	〜したあと	8-32
'okay	ある、いる〔pl.〕	5-17

'okore	全部で	7-25
'oman	行く〔sg.〕	1-03, 1-04, 6-21
'omantene	さんざん〜したあげく、何度も〜したあとで	8-31
'ommo	母さん	4-14
'ommoho	だれかの母さん	4-14
'ona	父	4-14
'onaha	だれかの父	4-14
'onnayke	囲いのあるものの中	5-18
'onne	〜へ、〜に	6-22
'onuuman'ipe	夕食	8-30
'onuuman'ipe kii	夕食をとる	8-30
'opasran	雪が降る	6-21
'opas'ururu	雪が積もる	6-21
'orowa	それから	1-04, 4-12
'orowa	〜から、〜でもって、〜に	6-22
'otoopempe	お菓子	9-36
'oya	別の、他の	6-23
'oya kotan 'onne 'oman.	彼はよその村へ行った	6-23

[P]

pa	年（北海道）	1-05
paa	煙	1-01, 1-03, 1-06
paa	年	1-05
paaha	煙	1-04
paase kusu 'an='okasura 'ani 'an=cahseka wa 'an='omante.	重いから押しながらずらして行かせた	8-31
pahno	〜する程、〜するまで	6-22, 8-33
pateh	〜だけ	9-36
paye	行く〔pl.〕	1-04, 2-09

paye='an	私たちが行った	2-09
pee	垢〔マ〕	1-01
pih	ゴザをあむときに使う糸巻き石	1-03
pii	種	1-01, 4-14
pirikano 'an	さようなら（残る人に）、元気でいなさい	2-08, 6-21
pirikano 'e'ani hii	元気か？	2-08
pirikano ku='an	元気だよ	2-08
pirikano 'oman	さようなら（去る人に）、元気で行きなさい、気をつけて行け	2-08, 6-21, 9-38
pirikano 'omanu waa.	気をつけて行きなさい	9-38
pirikano paye=yan kanne.	気をつけて行ってらっしゃい	9-38
pirikano paye=yan.	気をつけてみんな行きなさい	9-38
pise,-he	胃	4-13, 4-14
pisehe	だれかの胃	4-14
piyehe	何かの種	4-14
po	子（北海道）	1-05
pon	小さい	1-07
pon hekaci	小さい子ども	1-07
ponno	少し	8-30
ponno 'en=teere kanne.	ちょっと待って下さい	7-27, 7-28
poo	子	1-01, 1-05, 1-07, 4-14
pooho	子	1-04
pooho	だれかの子	1-07, 4-14
poy seta	小イヌ	1-07
puu	倉	1-01, 4-14
puwehe	何かの倉	4-14

[R]

ram	胸、心	4-15
ramuhu	だれかの胸、心	4-15

ranke	～たり～たりする、～を繰返す	8-32
rasi	シラミ	1-04
rayohteponno cis hemaka. puurikara hemaka.	ようやく泣き止んだ。おとなしくなった（こどもが）	9-36
re monimahpo	3人の娘	1-02
ree	名前	1-03
reehe	名前	5-16
reehe hemata?	名前はなに？	4-13
reehe temana?	名前はどう？	4-13
reera'an	風がある	6-21
reh,-cihi	ひげ	4-13
rekucihi	のど	9-36
renkayne	たくさん	5-16, 6-21
renkayne 'imii mii teh 'ekasre seeseh yahka wen.	たくさん着物を着て暖かくしすぎてもわるい	8-33
rewsi	泊まる	1-02
rih	すじ	1-03
rus	毛皮	1-04, 4-15
rusihi	何かの毛皮	4-15
rusuy	～したい、～しやすい、すぐ～してしまう	9-36
ruu	道	1-03, 4-14
ruwehe	何かの道	4-14
ruyampe'an	荒れ模様の天気、大雪、大雨	6-21

[S]

saakehe	折り返し、リフレイン	1-03
sahteh	かわく	9-36
sake	酒	9-36
sampe,-he	心臓	4-13
sanke	そば	5-18
sapa	頭	1-04, 1-06

sapanuma	髪の毛	1-06
sas	昆布	1-02, 4-15
sasuhu	だれかの昆布	4-15
seta,-ha	イヌ	1-04, 1-07, 4-12
sih,-kihi	目	1-03, 4-12,
sihritennoo	晴れて風もなくのどかな天気だ	6-21
sihrupus	シバレル	6-21
sihseeseh	暑い	6-21
sii	便	4-14
siina'an	はい、そうだ	3-10, 5-16
siisam	和人	1-02
siisam mahtekuh	和人の女性	3-11
siisam'itah	日本語	1-07, 4-12
sikihi	目	1-04, 4-16
simma	あした	1-04
simma 'ahto ran ciki hannehka ku='oman kusu.	あした雨が降ったら私は行かない（雨が降りそうだと思っている）	8-33
simma 'ahtoran 'anah hannehka ku='oman kusu.	あした雨が降ったら私は行かないよ（雨が降るかどうか分からない）	8-33
simma ku'ani ku='eh kun 'etokota hanka 'omanu wa.	明日私が来る前に行かないでくれ	8-32
simma suy Kusiro 'onne ku='oman kusu.	明日また私は釧路へ行きます	6-23
sinenehka 'eh kanne.	一人で来なさい	6-21
sinenehka ku='oman kusu.	私は一人で行く	6-21
sinewantanku	1000	7-25
sinka	疲れる	8-29
sinnam'an	寒い	6-21
sinnamyuhke	寒さがひどい	6-21
siripirika	天気がいい	6-21
siripohke	暖かい	6-21

siriwen	天気が悪い	6-21
siyehe	何かの便	4-14
sos	切れ	4-15
sosihi	何かの切れ	4-15
soy（ke）	そと、外部	5-19
soyta hekaci 'uta renkayne 'okay.	外に子供たちが沢山いる	5-17
suukawka	お裁縫、縫い物、縫い物をする	8-29
suy	また	1-04

[T]

taa	あの	1-01, 1-03
ta'a（a）n	あっちの	3-11
ta'aan	ずっと向こうの	1-03
ta'aanteta poro too 'an.	あそこに大きい湖がある	5-17
ta'ah	あれ、あっちのあれ	1-04, 4-13
ta'ampe	あっちのあれ	4-13
ta'anoka（y）	あっちのものらの	3-11
taata	そこに、あそこに	1-04, 5-16, 5-17
taata hemata 'ani hii?	そこに何があるの？	5-19
tah	これ	4-12, 4-13
tah 'ampa koh!	これ、持って行け！	9-38
tah 'eci=konte kusu.	これを私がお前にあげるよ	7-27
tah ku=koro teh ku='eh.	これを私が買って来た	8-30
tah seta ka hannehka（nee）. meko nee.	これはイヌではない。ネコだ	3-11
tah seta ka hannehka（nee）. meko neeko.	これはイヌではない。ネコだよ	4-15
Tahkonanna	浅井タケさんのアイヌ名	3-10
Tahkonanna 'an=nee.	〔老〕私はタッコナンナだ	2-09
takahka	カニ	1-04
takuh,-pihi	肩	4-13

tampe	これ	4-12, 4-13
tampe neyke meko ka hannehka	これはネコじゃない	4-15
tan	この	3-11, 4-13
tan 'itanki kukorope hee.	この茶わんは私のよ	5-19
tan wantanku-'en 'ikoro 'echi=konte kusu.	これ千円をあげます	7-28
tani	いま	6-21
tani 'ahtoran kusu 'an.	いま雨が降っている	8-33
tani 'isanka cis kusu kara cah neeno 'an.	今にも泣きそうに見える	8-34
tani 'ommo 'ipekara kusu 'eyaykarakara kusu 'an.	今母さんは食事をつくるために食事の準備をしている	8-33
tani 'opehteh kusu kara	もうなくなりそうだ	8-34
tani paye='an 'anaa.	さあ、いま行きましょう	6-23
tani 'uunas 'an='ee kusu 'an=kara haa.	いまちょうど食事をするところだ	8-34
tanku	〜百	7-25
tanoka（y）	これらの	3-11
tanokaype	これらのもの	4-13
tanto	きょう	6-21
tanto nisahta 'ampene 'ahto ran kusu ku=eh ka ku=koyaykus.	今朝すごく雨が降ったので私は来ることができなかった	9-37
tanto nisahta 'ohorono ku=numa.	今朝私は遅く起きた	7-27
tanto nisahta 'ohorono payki='an.	今朝私たちは遅く起きた〔老〕今、私は遅く起きた	7-27
tanto Oota 'ahci neera'an nahka 'eh kuni 'an=ramu.tani 'eh hemaka.	今日は太田ババは何があっても来ると思うほら、来たよ	9-36
tara	その、あの	3-11, 4-13
tara 'aynu	あの人	2-09, 3-10
tara 'aynu 'oman hemaka teh ku'ani ku='eki hii.	あの人が行ってしまってから私は来た	8-30
tara hekaci 'ampene cis cis 'omantene tani 'inkara kusu 'an.	あの子はさんざん泣いたあげく今きょとんと見ている	8-32
tara hekaci 'aynu 'eh koh neera'annahka nani cis.	あの子は人が来ると必ずすぐ泣く	8-32
tara henke 'aynu'itah 'e'aykah.	あのおじいさんはアイヌ語が全然できない	9-37

tara meko ne'ene ka 'omanu wa 'isam.	あのネコ、どこかへ行ってしまった	9-37
tara nupuru 'enkaata kurasino niskuru 'an.	あの山の上に黒い雲がある	5-18
tarah	それ、あれ	4-13
tarampe	それ、あれ	4-12, 4-13
tarampe kukorope ka hannehka	それは私のではない	4-15
taranoka	あれらの	5-16
taranoka 'aynu 'uta（h）	あの人たち	2-09, 8-30
taranoka henke 'utara neera'ampe koro=hci teh 'e=konte=hci kusu nee manu.	あのおじいさんたちが何か買ってお前にあげるということだ	7-28
taranoka（y）	それらの、あれらの	3-11
taranokaype	それらのもの、あれらのもの	4-13
te monimahpo	3人の娘	1-02
teeta	ここに	1-01, 1-04, 5-17
teeta 'okay=an=ike 'onke pateh 'an=kii rusuy cah neeno 'an.	ここにいると私は風邪ばかり引いてしまうようだ	9-37
teeta sine hekaci 'an.	ここに子どもが一人いた	5-17
teh	～して、～てから	8-30
teh 'an	～した状態でいる、～している	8-34
teh,-kihi	手	1-03, 4-13
temana	どう	5-16
tetahcikah	白鳥	1-04, 5-16
tetara seta	白いイヌ	1-07
tewsi	泊まる	1-02
too	湖、沼	1-01, 5-16
too,-ho	乳房	4-13
toonosiki'ipe	昼食	8-30
toonosiki'ipe kii	昼食をとる	8-30
toope,-he	乳、ミルク	4-13
tuh 'en=konte waa.	二つ私にちょうだい	7-27
tumam,-uhu	腰	4-13

tunke	（主体形の）中	5-18
tura	～といっしょに	9-36

[U]

'u'a'u'a kusu 'an	ピカピカ光っている	1-02
'uko'itah='an 'anah 'e=wantehe nee nanko.	話し合えばお前はわかるだろう	8-33
'ukoyee	言い合う	1-07
'ukoytah	話し合う	1-07
'unci 'isam 'ike ku='esinka.	火がないと困る	8-30
'unci sankehe 'orowa tampaku 'ehte kanne.	火のそばからたばこをよこしてください	6-22
'uneeno	いっしょに	1-07
'uneeno paye='an.	私たちは一緒に行った	6-21
'unu	母	4-14
'unuhu	だれかの母	4-14
'urukay 'urukay 'ipe hemaka kusu karahci.	もうちょっとで彼らは食事が終わるところだ	8-34
'usa'an 'ukoytah 'an=kii.	いろいろな話を私たちはした	6-23
'usa'an, 'usa'oka	いろいろな	6-23
'usa'oka 'ipe renkayne ku=koro.	いろんな食べ物を沢山買った	6-23
'uskuy,-ehe	尻	4-13
'utah	親戚	4-15
'utah	～たち	5-16
'utarihi	だれかの親戚	4-15
'uuseh wahka	お茶	1-04
'uwa'uwa kusu 'an	ピカピカ光っている	1-02
'uyna	ひろう	1-04

[W]

wa	～して～する	8-30
wa 'isam	～してしまう(姿が見えない)、～してなくなった	9-37

wahka tunke 'ene ren hemaka.	水の中に沈んでしまった	9-36
wahka tunketa suma 'an.	水の中に石がある	5-18
wantanku	～千	7-25
wantanku'en'ikoro	千円札	7-25
wooya'an	いろいろな	1-03

[Y]

yaa	網	1-03
yaanii	寄り木	1-07
yahka, yahkayki	～のに、～ても〔老〕	8-33
yasumi	休む	8-30
yaykistee	あらまあ、いやいや	7-25
yayne	～ながら、～して、ずっと～して終に～する	8-31
ye'oo	膿んだ	1-04

索引（日本語）

日本語	アイヌ語	課―ページ
[あ]		
アイヌ語	'aynu'itah	1-07, 4-12
アイヌ語で	'aynu 'itah 'ani	8-31
垢〔マ〕	pee	1-01
あご	nohkiri,-hi	4-13
朝	nisahta	1-07
浅井タケさんのアイヌ名	Tahkonanna	3-10
足	kema,-ha	4-13
あした	simma	1-04
あした雨が降ったら私は行かない（雨が降りそうだと思っている）	simma 'ahto ran ciki hannehka ku='oman kusu.	8-33
あした雨が降ったら私は行かないよ（雨が降るかどうか分からない）	simma 'ahtoran 'anah hannehka ku='oman kusu.	8-33
明日また私は釧路へ行きます	simma suy Kusiro 'onne ku='oman kusu.	6-23
明日私が来る前に行かないでくれ	simma ku'ani ku='eh kun 'etokota hanka 'omanu wa.	8-32
あそこに大きい湖がある	ta'anteta poro too 'an.	5-17
暖かい	siripohke	6-21
頭	sapa	1-04, 1-06
暑い	sihseeseh	6-21
あっちの	ta'a（a）n	3-11
あっちのあれ	ta'ampe	4-13
あっちのものらの	ta'anoka（y）	3-11
跡、穴	koh	1-03, 4-15
アトゥイニシパ、屈斜路コタンのアイヌ民族歌舞団「モシリ」の団長、豊岡征則氏の呼び名、ニシパは偉い男性につけて呼ぶ敬称	Atuy nispa	3-10
あなた、おまえ	'e 'ani	2-08
あなたたち	'eci'oka（y）	2-09

索引（日本語）

あの	taa	1-01, 1-03
あのおじいさんたちが何か買ってお前にあげるということだ	taranoka henke 'utara neera'ampe koro=hci teh 'e=konte=hci kusu nee manu.	7-28
あのおじいさんはアイヌ語が全然できない	tara henke 'aynu'itah 'e'aykah.	9-37
あの子はさんざん泣いたあげく今きょとんと見ている	tara hekaci 'ampene cis cis 'omantene tani 'inkara kusu 'an.	8-32
あの子は人が来ると必ずすぐ泣く	tara hekaci 'aynu 'eh koh neera'annahka nani cis.	8-32
あのネコ、どこかへ行ってしまった	tara meko ne'ene ka 'omanu wa 'isam.	9-37
あの人	tara 'aynu	2-09, 3-10
あの人が行ってしまってから私は来た	tara 'aynu 'oman hemaka teh ku'ani ku='eki hii.	8-30
あの人たち	taranoka 'aynu 'uta（h）	2-09, 8-30
あの山の上に黒い雲がある	tara nupuru 'enkaata kurasino niskuru 'an.	5-18
脂	kee	1-01, 4-14
網	yaa	1-03
雨が降る	'ahtoran	6-21
あらまあ、いやいや	yaykistee	7-25
ありがとう	'iyayraykire	1-04, 7-25
ある、いる〔pl.〕	'okay	5-17
ある、いる〔sg.〕	'an	5-16, 5-17
あれ、あっちのあれ	ta'ah	1-04, 4-13
荒れ模様の天気、大雪、大雨	ruyampe'an	6-21
あれらの	taranoka	5-16

[い]

胃	pise,-he	4-13, -14
言い合う	'ukoyee	1-07
家	cise	1-04
家で	cise 'ohta	6-21
家の外に一人の男がいる	cise soyketa sine 'aynu 'an.	5-17
家の外に子供が一人いる	cise soyketa sine hekaci 'an.	5-19

家の中にはだれもいない	cise 'onnayketa nee 'aynu ka 'isam.	5-17
行く〔pl.〕	paye	1-04, 2-09
行く〔sg.〕	'oman	1-03, 1-04, 6-21
いくらですか？	'atayehe hempahno 'ani hii?	7-26
いつ	hempara	5-19
いっしょに	'uneeno	1-07
いつでも	hempara neyahka	5-19
糸	kaa	1-01, 1-03, 4-14
イナウ	'inaw	1-03
イヌ	seta,-ha	1-04, 1-07, 4-12
いま	tani	6-21
いま雨が降っている	tani 'ahtoran kusu 'an.	8-33
今母さんは食事をつくるために食事の準備をしている	tani 'ommo 'ipekara kusu 'eyaykarakara kusu 'an.	8-33
いまちょうど食事をするところだ	tani 'uunas 'an='ee kusu 'an=kara haa.	8-34
今にも泣きそうに見える	tani 'isanka cis kusu kara cah neeno 'an.	8-34
妹	heekopo	1-04, 1-07
いろいろな	'usa'an, 'usa'oka	6-23
いろいろな	wooya'an	1-03
いろいろな話を私たちはした	'usa'an 'ukoytah 'an=kii.	6-23
いろんな食べ物を沢山買った	'usa'oka 'ipe renkayne ku=koro.	6-23
言われた通りにしなさい	'e=ye=hcihi neeno kii waa.	9-38

[う]

うとうとしているうちに私は眠ってしまった	ku=henoye yayne ku=mokoro hemaka.	8-31
海の水は青々としている	'atuywahka siwninnoo teh 'an.	8-34
膿んだ	ye'oo	1-04

[え]

遠慮せずにみんなで食べてください	hanka yaykatanu kanne 'ipe=yan kanne.	9-38

[お]

おいしい	keera'an	1-05, 9-36
おいしい（北海道）	kera'an	1-05
お菓子	'otoopempe	9-36
奥さん	kahkemah	1-07
お裁縫、縫い物、縫い物をする	suukawka	8-29
おじいさん	henke	8-29
お茶	caa	9-36
お茶	'uuseh wahka	1-04
落ちる	haaciri	1-03
音	hum	4-15
男の子	'ohkayo pooho	1-07
おばあさん	'ahci	3-10
おはよう、こんにちは、こんばんは	'irankarahte	2-08
帯	kuh	1-03
おまえ	'e'ani	3-11
お前が来たので私はうれしい	'e='eh 'ani 'an='ekiroro'an.	8-31
おまえ〜だ	'e=nee	2-09
おまえたち〜だ	'eci=nee	2-09
お前たち2人が良い着物を買って私にくれた	'eci'oka tu 'aynu pirika 'imii 'eci=koro 'ike 'en=konte=yan.	7-28
お前に渡すから受け取りなさい	'eci=koore ciki 'uh waa.	8-33
お前の頭の上にランプがある	'esapaha 'enkasketa cahraku 'an.	5-18
お前のうちはどこにあるの？	'ecisehe nahta 'ani hii?	6-22
お前のすぐ下にハサミがある	'e'empoketa 'ituye kaani 'an.	5-18
お前の名前はだれ？	'ereehe naata?	3-11
お前の名前はどういうの？	'ereehe temana?	3-11
お前の名前は何？	'ereehe hemata?	3-11

お前のほしいものがあったら言いなさい	'e=kon rusuype 'an ciki yee waa.	8-33
お前の町は何処？	'ekotanuhu nakorokehe（nee）？	5-19
お前はどこに行くの？	nakene 'e='oman kusu?	6-22
お前、私に買ってくれ	'e'ani koro wa 'i=konte.	8-31
重いから押しながらずらして行かせた	paase kusu 'an='okasura 'ani 'an=cahseka wa 'an='omante.	8-31
泳ぐ	maa	1-03
折り返し、リフレイン	saakehe	1-03
女	mahtekuh	4-15
女の子	mahpooho	1-07

[か]

〜か？	nee hee?	4-12
母さん	'ommo	4-14
書いては休み、書いては休みしている	nuye ranke 'an, nuye ranke 'an.	8-32
買う、得る	koro	6-21, 6-23
顔	nan,-uhu	1-03, 4-13, 4-15
顔を洗っては顔を洗っては棚に入ってしまうもの、なあに？砥石	nampccikoh nampecikoh 'omantene sehpokosma hemata? ruy.	8-32
囲いのあるものの中	'onnayke	5-18
風がある	reera'an	6-21
肩	takuh,-pihi	4-13
硬くなる	nisteh	1-03
形、姿	kah	4-15
〜ができない	koyaykus	9-37
〜ができない（能力がなくて）	'e'aykah	9-36
〜ができる、〜が上手だ	'e'askay	9-37
カニ	takahka	1-04
神	kamuy	1-03
髪の毛	sapanuma	1-06

索引（日本語）

柄	nih	1-03
〜から、〜でもって、〜に	'orowa	6-22
彼〜だ	nee	2-09
彼はよその村へ行った	'oya kotan 'onne 'oman.	6-23
彼ら〜だ	ne=hci	2-09
枯れる	cii	1-01
皮	kah	1-03, 4-15
かわく	sahteh	9-36
川の源に大きな湖がある	nay kitayketa poro too 'an.	5-18

［き］

来ている人	'eh 'an 'aynu	9-37
来ている人たち	'ariki 'an 'aynu 'utah	9-37
昨日釧路へ私は行った	nuuman Kusiro 'onne ku='oman.	6-23
きのう私が来る前にあの人は行ってしまった	nuuman ku'ani ku='eh 'etokota tara 'aynu 'omanu wa 'isam.	8-32
着物	'imii	8-29
きょう	tanto	6-21
今日は太田ババは何があっても来ると思う。ほら、来たよ	tanto Oota 'ahci neera'an nahka 'eh kuni 'an=ramu. tani 'eh hemaka.	9-36
切れ	sos	4-15
気をつけて行きなさい	pirikano 'omanu waa.	9-38
気をつけて行ってらっしゃい	pirikano paye=yan kanne.	9-38
気をつけて身仕度をして旅立ちなさい	'ocinakarine yaykara kanne 'ahkas wa.	8-31
気をつけてみんな行きなさい	pirikano paye=yan.	9-38

［く］

釧路には大きい湖がある	Kusiro 'ohta poro too 'an.	5-17
釧路へ	Kusiro 'onne	6-21
釧路へ私は行きます	Kusiro 'onne ku='oman kusu.	6-22

口	caru,-hu	4-12
雲の上に雷神様がいるとさ	niskuru kaata kanna kamuy 'an manu.	5-18
倉	puu	1-01, 4-14
暗くなってお化けが出そうだ	'ekuhte teh 'oyasi 'asin kuru kara.	8-34
来る〔pl.〕	'ariki	1-04
来る〔sg.〕	'eh	1-04
黒いイヌ	kurasno seta	1-07

［け］

毛皮	rus	1-04, 4-15
今朝すごく雨が降ったので私は来ることができなかった	tanto nisahta 'ampene 'ahto ran kusu ku=eh ka ku=koyaykus.	9-37
今朝私たちは遅く起きた。〔老〕今、私は遅く起きた	tanto nisahta 'ohorono payki='an.	7-27
今朝私は遅く起きた	tanto nisahta 'ohorono ku=numa.	7-27
煙	paa	1-01, 1-03, 1-06
煙	paaha	1-04
元気か？	pirikano 'e'ani hii	2-08
元気だよ	pirikano ku='an	2-08

［こ］

子	poo	1-01, 1-05, 1-07, 4-14
子	pooho	1-04
子（北海道）	po	1-05
小イヌ	poy seta	1-07
こうやっている	nahte teh 'an kusu 'an.	8-34
声	haw	4-15
ここに	teeta	1-01, 1-04, 5-17
ここにいると私は風邪ばかり引いてしまうようだ	teeta 'okay=an=ike 'onke pateh 'an=kii rusuy cah neeno 'an.	9-37

索引（日本語）

ここに子どもが一人いた	teeta sine hekaci 'an.	5-17
ゴザをあむときに使う糸巻き石	pih	1-03
腰	tumam,-uhu	4-13
ことば	'itah	1-07, 4-15
子ども	hekaci	1-06, 1-07
子どもたち	hekaci 'utah	1-07
粉	koo	1-01
この	tan	3-11, 4-13
この茶わんは私のよ	tan 'itanki kukorope hee.	5-19
500	'asnetanku	7-25
これ	tah	4-12, 4-13
これ	tampe	4-12, 4-13
これ、持って行け！	tah 'ampa koh!	9-38
これはイヌではない。ネコだ	tah seta ka hannehka（nee）. meko nee.	3-11
これはイヌではない。ネコだよ	tah seta ka hannehka（nee）. meko neeko.	4-15
これはネコじゃない	tampe neyke meko ka hannehka	4-15
これらの	tanoka（y）	3-11
これらのもの	tanokaype	4-13
これを私がお前にあげるよ	tah 'eci=konte kusu.	7-27
これを私が買って来た	tah ku=koro teh ku='eh.	8-30
これ千円をあげます	tan wantanku-'en 'ikoro 'echi=konte kusu.	7-28
こんなに、そんなに	'ene	8-29
昆布	sas	1-02, 4-15

[さ]

さあ	ke'anah	9-36
さあ、いま行きましょう	tani paye='an 'anaa.	6-23
魚	ceh	1-04, 4-15, 9-36
酒	sake	9-36

酒を飲む（北海道）	'iku	1-05
寒い	sinnam'an	6-21
寒さがひどい	sinnamyuhke	6-21
さようなら（去る人に）、元気で行きなさい	pirikano 'oman	2-08, 6-21, 9-38
さようなら（残る人に）、元気でいなさい	pirikano 'an	2-08, 6-21
さんざん〜したあげく、何度も〜したあとで	'omantene	8-31
3人の娘	re monimahpo	1-02
3人の娘	te monimahpo	1-02
散歩	'ahkas	8-30
散歩をする	'ahkas kii	8-30

［し］

〜しおわる、〜してしまう、〜やむ	hemaka	9-36
〜しすぎる、あまりにも〜だ	'ekasure	9-37
仕事、仕事する	monrayki	6-21, 8-30
仕事をする	monrayki kii	8-30
〜したあと	'okaaketa	8-32
〜したい、〜しやすい、すぐ〜してしまう	rusuy	9-36
〜した状態でいる、〜している	teh 'an	8-34
して	kii ke	1-04
〜して、〜てから	teh	8-30
〜して〜する	wa	8-30
〜している	kusu 'an	8-29, 8-33
〜しているN，〜したN〔老〕	'an	9-37
〜してしまう（姿が見えない）、〜してなくなった	wa 'isam	9-37
〜しない、〜はしない	ka hankii, ka hannehka kii	9-37
シバレル	sihrupus	6-21
シャケ	cuhceh	1-04
じゃないか？	'isanka ？	3-10

索引（日本語）

日本語	アイヌ語	参照
〜十	kunkutu	7-25
樹皮	niikah	1-07
食事の最中にあの人が来た	'ipe='an ko'ekaari tara 'aynu 'eh.	8-32
食事の仕度をする	'ipekara kii	8-30
食事の支度が完了した	'ipe 'an=kara hemaka.	9-36
食卓の上にちゃわんがある	'ipetay kasketa 'itanki 'an.	5-18
食卓の上は平たくて広い	'ipetay kaskehe pararaske.	5-17
食卓の真中に茶わんがある	'ipetay nosketa 'itanki 'an.	5-18
知らない	'eram'eskari	8-30
シラミ	rasi	1-04
尻	'uskuy,-ehe	4-13
白いイヌ	tetara seta	1-07
親戚	'utah	4-15
心臓	sampe,-he	4-13

［す］

日本語	アイヌ語	参照
すごく忙しいので全然お裁縫ができない	'ampene montapi kusu 'ampene suukawka ku=koyaykus.	9-37
少し	ponno	8-30
すじ	rih	1-03
ずっと向こうの	ta'aan	1-03
する	kii	1-01, 6-21, 6-23
〜すると、〜したとたん、同時に〔老〕	koh, kohki	8-32
〜すると〜だ、〜して〜だ、〜して〜して〜だ	'ike	8-30
〜するとき	'ohta	8-33
〜するところだ、〜しようとしている、〜しそうだ	kusu kara	8-34
〜するように	neeno	8-33
〜する程、〜するまで	pahno	6-22, 8-33
座る	'aa	1-03

[せ]

日本語	アイヌ語	参照
背負い縄	nisih	1-03
接触した上	kaske	5-18
接触した上〔老〕	kaa	5-18
1000	sinewantanku	7-25
〜千	wantanku	7-25
千円札	wantanku'en'ikoro	7-25
（不器用で）全然お裁縫ができない	ampene suukawka ku='e'aykah.	9-37
全部で	'okore	7-25

[そ]

日本語	アイヌ語	参照
そう、そのように	nah	8-30, 9-36
そうする	nah kii	9-36
そこに、あそこに	taata	1-04, 5-16, 5-17
そこに何があるの？	taata hemata 'ani hii?	5-19
そと、外部	soy（ke）	5-19
外に子供たちが沢山いる	soyta hekaci 'uta renkayne 'okay.	5-17
その	ne'an	3-11
その	neya	3-11
その、あの	tara	3-11, 4-13
そば	sanke	5-18
それ	ne'ampe	4-13
それ	neyah	4-13
それ、あれ	tarah	4-13
それ、あれ	tarampe	4-12, 4-13
それから	'orowa	1-04, 4-12
それでは	ne'anah	7-25, 9-36
それは私のではない	tarampe kukorope ka hannehka	4-15

それらの	neeroh	3-11
それらの	ne'okay	3-11
それらの、あれらの	taranoka（y）	3-11
それらのもの	ne 'okaype	4-13
それらのもの、あれらのもの	taranokaype	4-13

［た］

〜だ。	nee.	2-08, 2-09
〜だか	hee	8-30
互いにうわさしている最中によそから人が来た	'an='e'ukoweepekere ko'ekaari 'oyah wa 'aynu 'eh.	8-32
たくさん	renkayne	5-16, 6-21
たくさん着物を着て暖かくしすぎてもわるい	renkayne 'imii mii teh 'ekasre seeseh yahka wen.	8-33
〜だけ	pateh	9-36
〜たち	'utah	5-16
種	pii	1-01, 4-14
たばこを吸う	'ikuu	1-05, 1-07
食べることもしたい、煙草も飲みたい、寝もしたい、おしゃべりもしたい、遊びもしたい、（だけど）私はお金がいちばんほしい	'ipe ka ku=kii rusuy, tampaku ka ku=kuu rusuy, mokoro ka ku=kii rusuy, 'itah ka ku=kii rusuy, 'utasa ka ku=kii rusuy, 'ikoro ka naaruy poronno ku=kon rusuy.	9-36
食べ物	'ipe	6-21
食べ物を沢山買った	'ipe renkayne 'an=koro.	6-23
〜だよ	neeko	4-12
〜たら、〜えば	'anah	8-33
〜たら、〜するから	ciki	8-33
〜たり〜たりする、〜を繰返す	ranke	8-32
だれ	naata	2-08, 3-10, 3-11, 5-19
だれかの胃	pisehe	4-14
だれかの女	mahtekurihi	4-15
だれかの母さん	'ommoho	4-14

だれかの顔	nanuhu	1-04, 4-15
だれかの子	pooho	1-07, 4-14
だれかの声	hawehe	4-15
だれかのことば	'itakihi	4-15
だれかの昆布	sasuhu	4-15
だれかの魚	cepihi	4-15
だれかの親戚	'utarihi	4-15
だれかの父	'onaha	4-14
だれかの母	'unuhu	4-14
だれかの非食用の草	munihi	4-15
だれかの舟	cipihi	4-15
だれかの胸、心	ramuhu	4-15
だれかの矢	'ayehe	4-14
誰もいない	nee 'aynu ka 'isam	5-17

[ち]

血	kem	4-15
小さい	pon	1-07
小さい子ども	pon hekaci	1-07
父	'ona	4-14
乳、ミルク	toope,-he	4-13
乳房	too,-ho	4-13
茶わん	'itanki	5-16
昼食	toonosiki'ipe	8-30
昼食をとる	toonosiki'ipe kii	8-30
朝食	nisahta'ipe	8-30
朝食をとる	nisahta'ipe kii	8-30
ちょっと待って下さい	ponno 'en=teere kanne.	7-27, 7-28

[つ]

索引（日本語）

疲れる	sinka	8-29
机の上に茶碗がある	cikuwe kasketa 'itanki 'an.	5-17
机の上にテープがある	cikuwe kasketa teepu 'an.	5-17
机の上には何もない	cikuwe kasketa neera'ampe ka 'isam.	5-17
机のそばになべがある	cikuwe sanketa suu 'an.	5-18
作る	kara	1-04, 8-29

［て］

手	teh,-kihi	1-03, 4-13
〜で	'ani	4-12, 4-13
〜で、〜に	'ohta	5-17, 6-22
てっぺん、頂上、水源	kitayke	5-18
手渡す	koore	7-28
〜ではない	ka hannehka	4-12
天気がいい	siripirika	6-21
天気が悪い	siriwen	6-21

［と］

〜といっしょに	tura	9-36
どう	temana	5-16
父さん	caaca	1-03
どうしてもよくできない	neera 'an=kii yahka pirikano hannehka 'an=kii.	8-33
どこ	nakorokehe	5-19
どこかの村	kotanuhu	4-15
どこから	nahwa	5-19, 6-22
どこからか珍しいきれいな声がしている	nahwa ka ci'uhpepaste pirika haw 'an kusu 'an.	6-22
どこでお前は仕事をしてるの？	nahta 'e=monrayki?	6-22
どこに、どこで	nahta	5-16, 5-17, 5-19, 6-22
どこへ	nekene	6-21

どこへ（方向）	nakene	5-19, 6-22
どこまで	nakoro pahno	6-23
どこまでお前は行くのか？	nakoro pahno 'e='oman kusu?	6-23
年	paa	1-05
年（北海道）	pa	1-05
どっちの側にあるのがお前はほしいか？	nahwa 'an 'utoroke wa 'ampe 'e=kon rusuy hii?	6-22
とても	'ampene	6-21
とてもお裁縫が（お前は）よくできる	'ampene suukawka 'e='e'askay.	9-37
泊まる	rewsi	1-02
泊まる	tewsi	1-02
どのぐらい、いくつ	hempahno	5-19, 7-25, 7-26
鳥	cikah	1-07, 5-16

［な］

〜ない	hannehka	8-30
ない、なくなる、ちがう、いない	'isam	1-02, 4-12, 5-16, 5-17, 9-36
ないから	'isan kusu	1-02
ないでしょう	'isan nanko	1-02
（主体形の）中	tunke	5-18
〜ながら、〜して	kanne	8-31
〜ながら、〜して、ずっと〜して終に〜する	yayne	8-31
泣く	cis	1-02, 1-03
なくて	'isan teh	1-02
なぜ、どうして	hemata kusu	5-19
7つの	'arawan	1-07
何	hemata	4-12, 5-19, 6-21
なに？	hemata?	4-13
何か	neh	1-04

索引（日本語）

日本語	アイヌ語	参照
何かの跡	kocihi	4-15
何かの脂	keehe	1-04, 4-14
何かの糸	kaaha	1-04, 4-14
何かの音	humihi	4-15
何かの形、姿	katuhu	4-15
なにかの皮	kapuhu	4-15
何かの切れ	sosihi	4-15
何かの倉	puwehe	4-14
何かの毛皮	rusihi	4-15
何かの種	piyehe	4-14
何かの血	kemihi	4-15
何かの肉	kamihi	4-15
何かのはずれ	kesehe	4-15
何かの腹	honihi	4-15
何かの便	siyehe	4-14
何かの道	ruwehe	4-14
何もない	neera'ampe ka 'isam	5-17
名前	ree	1-03
名前	reehe	5-16
名前はどう？	reehe temana?	4-13
名前はなに？	reehe hemata?	4-13
生の	huu	1-03
波も強くなるとスピーカーが言った	koy naa yuhke kusu kara nah sipiika yee.	8-34
何度かここに来ているうちに今アイヌ語がとてもわかるようになった	hempah suy ka teeta ku='eh yayne tani 'aynu'itah 'ampene ku=wante.	8-31

[に]

日本語	アイヌ語	参照
肉	kam	1-03, 4-15
20	hot	7-25
20〔老〕	hohne	7-25

日光がキラキラしている	cuhnikeh 'uwa'uwa teh 'an.	8-34
日光がキラキラ照っている	cuhnikeh 'uwa'uwa kusu 'an.	8-34
〜に話しかける	koytah	1-02, 1-07
日本語	siisam'itah	1-07, 4-12
〜によって、〜して、〜ながら、〜ので〔老〕	'ani	8-31
〜に〜を与える	konte	7-25, 7-27, 7-28

［ね］

姉さん	nanna	1-04
ネコ	meko	1-04
値段	'atay	7-26
（その）値段	'atayehe	7-25, 7-26
値段が高い	'atayeruy	7-25

［の］

〜の上に	kaata	5-16
〜の最中に、〜の途中で〔老〕	ko'ekaari	8-32
〜のために、〜しに、〜から、〜ので	kusu	8-31
のど	rekucihi	9-36
〜のに、〜ても〔老〕	yahka, yahkayki	8-33
のむ	kuu	9-36

［は］

歯	'imah,-kihi	4-13
〜は	neyke	2-08, 3-10, 4-12, 9-36
〜は（対比）	ne'ampe	7-25, 9-36
はい、そうだ	siina'an	3-10, 5-16
白鳥	tetahcikah	1-04, 5-16

索引（日本語）

日本語	アイヌ語	箇所
はじめに日本語で言って私たちに聞かせてください。それからアイヌ語で言ってください	hoskino Siisam'itah 'ani yee wa 'i=nuure wa. 'orowa Aynu'itah 'ani yee kanne.	4-13
走る	cas	1-03
はずれ	kes	4-15
鼻	'etu,-hu	4-12
話しかける	ko'itah	1-02
話し合う	'ukoytah	1-07
話し合えばお前はわかるだろう	'uko'itah='an 'anah 'e=wantehe nee nanko.	8-33
離れた上	'enkaske	5-18
離れた上〔老〕	'enkaa	5-18
母	'unu	4-14
ババが行ったあとで私は来た	'ahci 'oman 'okaaketa ku='eh.	8-32
ババは家に一人でいる	'ahci cise 'ohta sinenehka 'an.	5-17
ババは今縫い物をしている	'ahci tani suukawka kusu 'an.	8-33
ババは泣きながら歌って聞かせてくれた	'ahci cis kanne yuukara 'ike 'en=nuure.	8-30
腹	hon,-ihi	4-13, 4-15
晴れて風もなくのどかな天気だ	sihritennno	6-21
半分までもまだ私は言っていない	'enkekehe pahno naa hannehk aku=yee.	6-22

［ひ］

日本語	アイヌ語	箇所
ピカピカ光っている	'u'a'u'a kusu 'an	1-02
ピカピカ光っている	'uwa'uwa kusu 'an	1-02
火がないと困る	'unci 'isam 'ike ku='esinka.	8-30
ひげ	reh,-cihi	4-13
非食用の草	mun	4-15
人にやる、クレテヤル	korara	7-28
一人で来なさい	sinenehka 'eh kanne.	6-21
火のそばからたばこをよこしてください	'unci sankehe 'orowa tampaku 'ehte kanne.	6-22
〜百	tanku	7-25
ひろう	'uyna	1-04

[ふ]

二つ私にちょうだい	tuh 'en=konte waa.	7-27
舟	cih	1-02, 1-03, 4-15
舟の中に赤ちゃんがいる	cih 'onnayketa sine pon hekaci 'an.	5-18
舟の中は大きい	cih 'onnaykehe poro.	5-17

[へ]

～へ、～に	'onne	6-22
別の、他の	'oya	6-23
便	sii	4-14
勉強、勉強する	kampinuye	6-21

[ほ]

北海道へ行くために私はお金をたくさんかせいで持って行った	Hokkaidoo 'onne paye='an kusu 'ikoro renkayne 'an='esiwpu teh 'an='ampa teh paye='an.	8-31
骨の節	'ihrih	1-03

[ま]

毎日私は釧路へ行く	kesto'asinkoh Kusiro 'onne ku='oman.	6-23
孫	mih	1-03
真下、すぐ下(くっついていても離れていても)	'empoke	5-18
マス	hemoy	1-04
また	suy	1-04
真ん中	noske	5-18

[み]

湖、沼	too	1-01, 5-16
水の中に石がある	wahka tunketa suma 'an.	5-18

水の中に沈んでしまった	wahka tunke 'ene ren hemaka	9-36
道	ruu	1-03, 4-14
耳	kisaru,-uhu	4-13
みんな一緒に来た	'aynu 'okore 'uneeno 'ariki=hci.	6-22

［む］

むかし	husko	1-04
胸、心	ram	4-15
村	kotan	4-15

［め］

目	sih, -kihi	1-03, 1-04, 4-12

［も］

～も	naa	1-03
もう少ししたらお昼になる。(だから)私は疲れはしないよ	naa ponno ponno 'an 'anah toonosiki 'an kusu kara. ku=sinka hannehka ku=kii.	9-38
もう食べ終わっている	'ipe hemaka teh 'an kusu 'an.	8-34
もうちょっとで彼らは食事が終わるところだ	'urukay 'urukay 'ipe hemaka kusu karahci.	8-34
もうなくなりそうだ	tani 'opehteh kusu kara	8-34

［や］

矢	'ay	4-14
休む	yasumi	8-30
屋根がピカピカ光っている	kitayehe merimerih teh 'an.	8-34
山のてっぺんに一本の木がある	nupuru kitayketa sine nii 'an.	5-18

［ゆ］

夕食	'onuuman'ipe	8-30
夕食をとる	'onuuman'ipe kii	8-30

雪が降る	'opasran	6-21
雪が積もる	'opas'ururu	6-21
指	monpeh,-cihi	4-13
弓	kuu	1-01

[よ]

ようやく泣き止んだ。おとなしくなった（こどもが）	rayohteponno cis hemaka. puurikara hemaka.	9-36
寄り木	yaanii	1-07

[ら]

雷鳴がしたとたん雨が降り出した	kamuy hum 'an koh 'ahto ran.	8-32

[り]

両側	huusa'otoruke	1-01
両側	huusa'ututuke	1-01
両手で抱えるようにして持っている	huusa tekihi 'orowa 'ampa kusu 'an.	6-22
料理	'ipekara	8-30

[る]

～る前に、～た前に	'etokota	8-32

[ろ]

600	'iwantanku	7-25

[わ]

和人	siisam	1-02
和人の女性	siisam mahtekuh	3-11
わたし	ku'ani	3-11
わたし〔老〕は～だ	'an=nee	3-10

索引（日本語）

わたし、ぼく	ku 'ani	2-08
私がお前に	'eci=	7-27
私が買ってあの人たちにあげようと思う	ku=koro teh taranoka 'aynu 'utara ku=konte=hci kusu nah ku=ramu huu.	7-28
私が買ってお前たちにあげましょう	ku=koro teh 'echi=konte=yan kusu.	7-28
私が食べない食物はトマトだ	ku'ee ka hanki 'ipe neyke tomato nee.	9-38
私が引っぱっても重いから全く動かない	'an='ehekem yahka paase 'ike 'ampene simoyma ka hankii.	9-37
私が引っぱっても重いから全く動きはしない	'an='ehekem yahka paase 'ike 'ampene simoyma ka hannehka kii.	9-38
私たち、〔老〕私	'anoka（y）	2-09, 3-10
私たち〜だ	'an=nee	2-09
私たちが行った	paye='an	2-09
私たちが話をしているうちにお昼になってしまった	'itak=an nayne toonosiki 'oman hemaka.	8-31, 9-36
私たちは一緒に行った	'uneeno paye='an.	6-21
私たちは互いに伸ばし引っぱり合って縫っている	'an='e'ukotuuri'ehekem 'ani 'an='ukawka kusu 'an.	8-30
私たち二人が買ってあなたにあげましょう	'anoka tu'aynu 'an=koro teh 'ane=konte kusu.	7-28
私にはよすぎる	ku'ani 'enohta ne'anah pirika 'ekasre.	9-37
私の	kukorope	5-16
私の後から	'en=oponi	7-27
私の後から来なさい	'enoponi 'eh wa.	7-27
私の家は東京にある	kucisehe Tokiyo 'ohta 'an.	6-22
私の上	'enkaa	1-07
私の下	'en=empokehe	7-27
私の姉さんが行ったあとずっと私はさびしい	kunanna 'oman 'okaaketa ku=yaykonismu.	8-32
私は歩きすぎた	ku='ahkas 'ekasre.	9-37
私はお前を待って待っていたができなかった（お前は来なかった）	'eci=teere 'eci=teere yahka ku=koyaykus.	7-28
私はキョウコよ	ku'ani neyke Kiyoko（ku=nee）.	2-09
わたしは好きだ	ku=konopuru	1-01

わたしは～だ	ku=nee	2-08, 2-09, 3-11
私はタッコナンナだ〔老〕	Tahkonanna 'an=nee.	2-09
私は一人で行く	sinenehka ku='oman kusu.	6-21
私は毎日（何度も）勉強をしている	kesto 'asinkoh kampi ku=nuye ranke ku='an.	8-32
私は水を汲みに行った	'anoka wahka 'an=taa kusu paye='an.	8-31
笑う	miina	1-05
笑う（北海道）	mina	1-05

エンチウ（樺太アイヌ）語の特徴 −北海道アイヌ語と対照して−

　ここで扱うのは主に樺太西海岸のライチシカ方言（藤山ハルさんと浅井タケさんの母語）ですが、それより少し南寄りのマオカ方言や東北岸のタライカ方言についても必要に応じて触れます。以下に樺太アイヌ語の特徴を北海道アイヌ語の沙流方言と対照しながら、発音、文法、語彙の項目に従って見ていきましょう。以下、樺太アイヌ語を KA、北海道アイヌ語を HA と略号で示すことにします。

発音の相違

1. **母音の長短とアクセント**　KA では HA のような母音のアクセントの区別はなく、長短の区別があります。例えば、HA の pa《年》、pi《種》、pu《倉庫》、ke《脂》、po《子ども》などは KA ではそれぞれ母音が長くなって paa《年》、pii《種》、puu《倉庫》、kee《脂》、poo《子ども》のようになって頭高に発音します。

2. **音節末子音**　アイヌ語には HA KA を問わず子音で終わる閉音節がありますが、音節末に立つ子音が違います。HA では /-p, -t, -k, -m, -n, -r, -s, -y, -w / の9つですが、KA では / -h, -m, -n, -s, -y, -w / の6つしかありません。つまり HA の /-p, -t, -k, -r / は KA では /-h / または /-rV /（ただし V は母音）となるのです。例えば、HA の kap《皮》、kat《形》、tek《手》、'utar《人々》、nukar《〜を見る》は KA ではそれぞれ kah, -puhu《皮》、kah, -tuhu《形》、teh, -kihi《手》、'utah または 'utara《人々》、nukara《〜を見る》のようになります。ただし、KA でも kapuhu《その皮》、katuhu《その形》、tekihi《その手》のように所属形になると元の形が出てきます。つまり、これらの子音は KA では潜在的に形態音素として存在していて、母音が後続すると元の子音が現れるのです。

3. **イントネーション（音調）**　KA には長母音があるためか文末の抑揚が多様に変化するようです。KA に特徴的なのは、一般的発話では叙述文は上がり音調で、疑問文は下がり音調で発話します。例えば、tara 'aynu 'omani hii.《あの人・行った》という文はイントネーションによって、tara 'aynu 'omani hii.（上がり音調）《あの人は行った。》と tara 'aynu 'omani hii.（下がり音調）《あの人は行ったか？》が区別されることです。また驚きを表現する発話では、下がり音調が一般的です。しかし、これに関しては、私が得た HA の会話音声資料がわずかなので確かなことは言えません。

文法の相違

1. **人称接辞**　アイヌ語では動詞の人称と数は動詞の前後に接続する人称接辞によって示されることは一般的ですが、人称や数の体系が KA と HA では異なっています。HA で不定人称（四人称とも呼ばれる）の接辞とされている 'an-/-'an は KA では、若者言葉では一人称複数、老人言葉では一人称単数の接辞として用いられていま

す。KA には不定人称はありません。また、KA では動詞活用において単数と複数のカテゴリーが明確です。一つは単数、二つ以上は複数と文法的に既定されています。たとえば、「二人の子どもが行った」は、tu hekaci 'uta paye=hci. と言います。複数形の paye〔複〕《行く》を使ってさらに三人称複数人称接辞 =hci を付加しなければ非文法的です。HA のように 1 から 4 ぐらいまでは単数形でいうことはできません。この場合、'oman〔単〕《行く》は使えないのです。詳しくは文法概説の＜表 1，2，3＞を参照してください。

2. **人称代名詞**　上で見たとおりアイヌ語は人称接辞による活用表示が特徴的で十分機能するので、本来人称代名詞はなかったと思われますが、後に日本語の影響で人称接辞と存在を表す動詞 'an/'okay《ある、いる》を複合して、ku'ani《私》、'e'ani《お前》、'anoka《私たち》、'eci'oka《お前たち》のような人称代名詞が作られて現在では多用されています。これについても〔若〕と〔老〕では言い方が違います。詳しくは文法概説の＜表 4、5＞を参照してください。

3. **複数表示**　動詞の単数と複数の区別の仕方は 3 つあります。1）不規則形、2）人称接辞の複数形、例えば二人称複数接辞の –yan、三人称複数接辞の =(a)hci など。3）地形移動動詞の語尾交替です。1）と 3）は KA も HA と基本的には同じですが、2）は大きく相違します。それぞれ例を挙げると、1）'an / 'okay《ある、いる》、'oman / paye《行く》、'eh / 'ariki《来る》、'aa / roh, -k《座る》など。　2）二人称複数接辞　–yan の例、tampe 'eci=koore=yan.《これを私がお前たちにやった》、三人称複数接辞 -(a)hci の例、tampe tara hekaci 'uta ku=koore=hci.《これをあの子どもたちに私がやった》。3）は –n で終わる地形移動動詞です。これは地名によく出てきます。yan / yah,-p《上陸する》、repun / repuh,-p《出港する、沖の方へ行く》、san / sah,-p《山の方から下る》、ran / rah,-p《空中を下りる、降る》、rikin / rikih,-p《上る、あがる》、makan / makah,-p《山のほうへ登って行く》、'ahun / 'ahuh,-p《入る》、'asin / 'asih.-p《出る》

4. **否定表現**　否定や禁止を表す表現が KA と HA（沙流）では全く異なります。例えば、否定《〜ない》は動詞の前に KA では hannehka、HA では somo を付けます。また禁止《〜するな》は KA では hanka、HA では 'iteki を付けます。*ex.*（KA）ku-pooho ka hannehka（nee）.《私の子どもではない》（HA）ku-poho ka somo ne.《私の子どもではない》。（KA）hanka yee！《言うな！》（HA）'iteki ye！《言うな！》。

5. **接続助詞（ac）や終助詞（f）**　体系と用法は同じですが個々の形式は大きく異なっています。詳しくは文法概説の接続助詞（95 頁）、終助詞（94 頁）を参照のこと。

6. **数詞のシステム**　アイヌ語の数のシステムは本来 20 進法ですが、KA では外来語を導入して 20 以上の数に関しては 10 進法が行われるようになっています。ですから 20 以上の数はどんなに大きくなっても容易に数えることができます。詳しくは第 7 課を参照のこと。

語彙的文体的特長

1. 老人言葉〔老〕と若者言葉〔若〕 KA では 50 歳ぐらい以上の老人間で、あるいは若者を含む老人グループで、若者言葉〔若〕とは全く違う老人言葉〔老〕を使う習慣があります。これは特殊なものではなくごく普通に日常会話で使われる言葉です。これは服部四郎先生によって始めて「年長者層特殊語」として（服部1957）紹介されましたが、その後、村崎が常呂の藤山ハルさんから言葉を習う過程で、特殊語のレベルではなく老人が口語で普通に使う老人言葉であることがわかりました。語彙レベルですべて異なった形式を用いるのですが、人称接辞や人称代名詞のような文法的語彙にまで及んでいますので文法体系も一部異なる結果になっています。例えば、一人称単数の人称接辞は〔若〕では ku= ですが、〔若〕の一人称複数形 'an= / ='an を〔老〕では一人称単数形として使うのです。〔若〕Kiyoko ku=nee.《私はキヨウコだよ》、〔老〕Tahkonanna 'an=nee.《私はタッコナンナだよ》。このほかほとんどすべての語彙について〔老〕があります。以下に日常よく使われる言葉について〔老〕の形式を〔若〕と対照して表示します。

〈表1〉 老人言葉と若者言葉の対照表

意味（日本語）	〔若〕若者言葉	〔老〕老人言葉
鼻	'etu（n）	'enkoro
～が気持ち悪い	'ehematataki（v2）	ramu'ohayohayneh
～を掬う	nise（v2）	nispa〔複〕
～に～を話して聞かす	'ekoweepekere（v3）	'ekoyayrah
一人暮らしをする	yaycisekoro（v1）	yaytonnukara
～に泣きながら話す	'cisanikoytah,-k（v2）	kocisoro'itah,-k
～を喜ぶ	'eyaykonopuru（v2）	'epunteh,-k
～を羽織る、ひっかける	kamure（v2）	kampare〔複〕
起きる	numa（v1）	payki〔複〕
上座、横座	rurosoo（n）	rorunsoo
～を疲れさせる	sinkare（v2）	hawesuna
時を過ごす	'etoo'otari（v1）	'e'otarikara
～をさっと手に取る	tekepeeka（v2）	tehsankarire
～を持ち上げる	rikinke（v2）	'erikoraye
胸	ranka（n）	reran
わざと、故意に	'oka'ankiri（av）	nooka'ankiri
二十	tukunkutu（nu）	hohne
みんな、全部	'okore（av）	'emuyke
両手	'urenteh,-kihi	huusateh,-kihi

私	ku'ani	'anoka
私たち	'anoka(y)	'anokayahei
あなた	'e 'ani	'eci'oka
あなたたち	'eci'oka	'eci'okayahei
大きい	poro (v1)	ruhne
小さい	haciko (v1)	nuyne
太い	serus (v1)	ruwe
薄い	kapara (v1)	kapanno
親戚同士である	'usirankore (v1)	weeyuh
身支度する、旅支度する	yaysipunte (v1)	yaysiyuhte
準備する	yaykarakara (v1)	yayukoraypa
膿が出る、膿む	ye'oo (v1)	yenuu
鍋かけ、自在カギ	suu'ohpe (v1)	hecirikoh
へとへとにを疲れる	kesetuyramkoro (v1)	'ikesiwwente
～を疲れさせる	sinkare (v2)	'ehawesinka
がんばる	siwpu (v1)	hokureyaytuupa
～にかかっていく、攻撃する	kopiwke (v2)	sikosemi
頭を床にたたきつける	heesihtaa (v1)	hemuyta'oske
言う	yee (v2)	'ecaatuupare
～を～で死なせる	'eraykikara (v3)	'e'isankakara
あたりを眺める、眺望する	'inkara (v1)	'ihuymampa
腐ってボロボロになる	'ukomunin (v1)	'ukotuwateh,-k
空を昇っていく	niskorikin (v1)	niskosikiru
穴	puy (n)	suy
強い	yuhke (v1)	yuhpare 〔複〕
娘、20から30代の女	merekopo (n)	monimahpo
若い娘、10代の女	pon merekopo (n)	pon monimahpo
青年、20から30代の男	'ohkayo (n)	horokewpo
偉い神様	poro kamuy (n)	'osinne kamuy
～を干す、乾かす	sahke (v2)	'eynun

　以上の例を見て分かることは名詞・動詞を問わず全般的に〔老〕に複数形が用いられていることです。老人言葉の資料は各種のアイヌ語辞典にはなく、藤山ハルさんの口述によるほかはない。まだ未知の部分が多いのですが、今後できる限り資料整理をして、この実態を明らかにしたいと思います。

エンチウ(樺太アイヌ)語文法概説

発　音

音素
　母音音素：/i, e, a, o, u/
　子音音素：/p, t, k, c, s, r, m, n, w, y, h, '/

音節の構造
　音節のタイプは次の三つである。
　　(1) C_1V_1　　　　　ただし、C_1 はすべての子音音素。
　　(2) $C_1V_1V_2$　　　　$V_1 = V_2$
　　(3) $C_1V_1C_2$　　　　C_2：/s, m, n, w, y, h/

母音の長さとアクセント
　樺太方言では、高さアクセントは弁別的ではない。そのかわり、母音の長短は弁別的である。ku=《私が》／kuu《飲む》、si-《自分で》／sii《便》。

形態音素配列の規則 AR
　二つ以上の形態素が接続するときに以下のような音韻的な交替現象がある。(AR)

　AR 1.　子音同化規則
　　(1a) - n+w - → - ww -　　　　ex. 'an + wante → 'aw=wante《私は知っている》
　　(1b) - n+y- → - yy -　　　　　ex. 'an + yee → 'ay=yee《私が言う》
　　(1c) - n+y- → - nn-　　　　　ex. wen + yahka → wen nahka《悪くても》
　　(1d) - n+m - → - mm -　　　　ex. 'an + maa → 'am=maa《私が泳ぐ》
　　(1e) - m+w - → - mm -　　　　ex. nuhtom + wa → nuhtom ma《中流から》
　　(1f) - rV+n - → - nn -　　　　ex. cisekoro + nispa → cisekon nispa《家の主人》

　AR 2. r音異化
　　(2a) - rV+r - → - nr -　　　　ex. koro + rusuy → kon rusuy《もちたい》
　　(2b) - rV+n - → - nn -　　　　ex. cisekoro + nispa → cisekonnnispa《家の主人》

　AR 3.　母音介入
　　(3a) - n + w- → -nuw-　　　　ex. 'oman + wa → 'omanu waa.《行きなさい》
　　　　　　　　　　　　　　　　ex. san + wa → sanu wa《下りてから》
　　(3b) - n + 'ike → -ni ike　　ex. 'omani ike《行って》

AR 4.　y 消去
　　(4a) - n + y- → - n -　*ex.* wen + yahka →　wen ahka《悪いけれども》
　　　　　　　　　　　　　　　'oman yahka →　'oman ahka《行っても》
　　　　　　　　　　　　　　　'an + yayne →　'anayne《そうするうちに》

AR 5.　h 消去
　　(5a) - n + -hV → -nV　*ex.* 'en + hekota → 'enekota《私の方》
　　　　　　　　　　　　　　　'oman + hemaka → 'omanemaka《行ってしまった》
　　(5b) 語頭の h- が 'V- になる。 *ex.* hetah → 'etah《さあ！》

AR 6. /'/ 消去
　　(6a) - n +'V → -nV-　*ex.* 'an + 'omante → 'anomante《私が行かせる》
　　(6b) - n +'V → -niV-　*ex.* 'an + 'ike → 'ani ike《〜であるが》

AR 7. 半母音化
　　(7a) - n +s- → - ys -　*ex.* 'an + see → 'ay=see《私が背負う》
　　(7b) - V + 'i- → -Vy-　*ex.* ko + 'itah → koytah《〜に話す》
　　(7c) - V + 'u- → -Vw-　*ex.* 'eci + 'ukoyki → 'eci=wkoyki《お前達が喧嘩する》
　　(7d) - V + 'a → -Vya-　*ex.* nismawkorope + 'an → nismawkoropeyan
　　　　　　　　　　　　　　　　《風と雨がひどい天気だ》
　　(7e) 'u + 'V- → - wVV -　*ex.* 'u + 'ekaari → weekaari《集まる》

AR 8. y- 消失
　　(8a) - m + y- → -m-　　*ex.* 'isam + yahka → 'isamahka《なくても》
　　(8b) - s + y- → - s -　　*ex.* 'ahkas + yan → 'ahkasan《歩きなさい》
　　(8c) - m + w- → -mm-　*ex.* nuhtom + wa → nuhtom（m）a《中流から》

AR 9.　y- 異音化
　　(9a) -h + y - → -hn-　*ex.* 'itah + yahka → 'itah nahka《話しても》

AR 10. 調音点近似化
　　(10a) - m+s - → - ns -　*ex.* 'amam + suu → 'aman suu《御飯鍋》
　　(10b) - m+k - → - nk -　*ex.* 'isam + kusu → 'isan kusu《ないから》

AR 11. 形態音素 /h/ の具現化
　　(11a) 形態音素 /h/ のあとに V-, y- が続くと本来の子音が現れる場合
　　　　　-h + -VhV → -t-　*ex.* kah + VhV → katuhu《なにかの形》
　　　　　-h + -VhV → -p-　*ex.* kah + VhV → kapuhu《なにかの皮》

$$-h + \text{-VhV} \rightarrow \text{-k-} \quad ex.\ \text{teh} + \text{VhV} \rightarrow \text{tekihi}《なにかの手》$$
$$-h + \text{-VhV} \rightarrow \text{-r-} \quad ex.\ \text{panke'ankuh} + \text{-VhV} \rightarrow \text{panke'ankurihi}$$
《その川下の人》
$$-h + \text{y-} \rightarrow \text{-k-} \quad ex.\ \text{'itah} + \text{yahka} \rightarrow \text{'itakahka}《話しても》$$
$$-h + \text{y-} \rightarrow \text{-p-} \quad ex.\ \text{rikih} + \text{yahka} \rightarrow \text{rikipahka}《上っても》$$

（11b）形態音素 /h/ のあとに y- が続くと次の子音が異化する場合
$$-\text{h+y-} \rightarrow \text{-hn-} \quad ex.\ \text{'itah} + \text{yahka} \rightarrow \text{'itah nahka}《話しても》$$

文　法

文の構造

　アイヌ語には動詞と形容詞の区別はなく、文の述語になりうるのは動詞だけである。ただし、指定を表す動詞（指定詞）nee はその前の名詞を高い音調で言うことによって省略できる。その場合は、名詞で文が終わる。動詞の中でも、目的語の数にかかわる動詞をただの動詞と呼び、《ある》を表す動詞を存在詞、いわゆるコピュラを指定詞と呼ぶ。

　文は、SOV 型の語順で、動詞部（VP）が最後に来る。VP の NP（名詞部）の取り方によって以下のような文のタイプを区別することができる。ただし、AVPは副詞部で、あってもなくてもよい。

1　完全動詞文　（AVP）　VP_0
　　VP が NP を一つも取らない文。
　　ex. 　tanto 'ampene sihrupus.《今日はとても しばれる。》
　　　　　タント　アンペネ　シシルプシ

2　指定詞文　（AVP）　NP_1　NP_2　CP
　　コピュラで２つの NP が接続する文。
　　ex. 　Hattori sense 'ampene poro nispa nee.《服部先生は とてもえらいお方だ。》

3　存在詞文　（AVP）　NP_1　EV
　　NP と存在詞でできている文。
　　ex. 　teeta too 'an.《ここに 湖が ある。》

4　自動詞文　（AVP）　NP_1　VP_1
　　VP_1 が NP を一つ取る文。
　　ex. 　hekaci miina.《子どもが 笑った。》

5　一他動詞文　（AVP）　NP_1　NP_2　VP_2
　　VP_2 が NP を二つ取る文。
　　ex. 　tan hekaci tara 'acapo nukara.《この子は　あのおじさんを　見た。》

6　二他動詞文　（AVP）　NP_1　NP_2　NP_3　VP_3
　　VP_3 が NP を三つ取る文。
　　ex. 　'ahci 'otoopempe hekaci konte.《ババは　お菓子を　子どもに　やった。》
　　理論的には三他動詞以上も可能だが、実際には余り使われないから省略する。

以上は述語が一つの短文についてであるが、次の 7. 複動詞文のように、接続助詞を用いることによって複数の VP を重ねて複文を作ることができる。2 つ以上の接続助詞でさらに VP をつなげることもできる。

7　複動詞文　（AVP）　NP$_1$　接続助詞　VP$_2$
　　ex.　　tah ku=koro teh ku='eh.《これを私は買って来た。》

VPの構造

　VP の構造は（1）動詞語幹（v）だけ、(2) v ＋派生接辞、(3) v ＋人称接辞、(4) v ＋助動詞（または助動詞連語）、(5) 以上の VP ＋終助詞、(6) 接続助詞によって複数の VP が連結されたもの、VP$_1$ ＋接続助詞＋ VP$_2$、の 6 つのタイプがある。この順序に従って以下に文法事項を解説する。6 つのタイプの例文を下に示す。

　　　(1) v　　　　　　　　　　'oman.《行け。》
　　　(2) v ＋派生接辞　　　　 hekaci 'omante.《子どもを行かせた。》
　　　(3) v ＋人称接辞　　　　 ku='oman.《私は行った。》
　　　(4) v ＋助動詞　　　　　 'oman hemaka.《（彼は）行ってしまった。》
　　　(5) v ＋終助詞　　　　　 'oman kanne.《行って下さい。》
　　　(6) VP$_1$ ＋接続助詞＋ VP$_2$　ku='oman teh suy ku=hosipi.
　　　　　　　　　　　　　　　《私は行ってまた帰ってきた。》

派生接辞

　目的語の数を変えたり、再帰形や多回形などを作ったりする接辞が多種ある。以下に例を示す。

ex.　 koytah《～に話しかける》← ko-'itah《話す》
　　　 'ukoytah《互いに話し合う》← 'uko- 'itah《話す》
　　　 yaykoytah《独り言を言う》← yayko- 'itah《話す》
　　　 nukante《見せる》← nukara《見る》-te
　　　 'esinka《～で疲れる》← 'e- sinka《で・疲れる》
　　　 yayreske《暮らす、生活する》← yay- reske《自分を・育てる》
　　　 'ahunke《入れる》← 'ahun-ke《入ら・せる》
　　　 'uska《消す》← 'us-ka《消え・させる》
　　　 pirikare《良くする》←　pirika -re《良く・する》
　　　 siteereka《～に待ってもらう》← si-teere-ka《自分を・待た・せる》
　　　 simokonte《寝たふりをする》← si- mokoro-te《自分を・寝さ・せる》
　　　 'ikuu《タバコを吸う》← 'i- kuu《それを・飲む》
　　　 sospa《ビリビリ裂く》← soso-pa《裂く・何回も》

　　＊この他に動作の反復や程度の高いことを表すには反復形がある。

tuhsetuhse《ピョンピョンはねる》← tuhse《はねる》
ranran《ドンドン下りてくる》← ran《下りる》
kapakapah《とても薄い》← kapara《薄い》
tuytuye《パタパタはたく》← tuye《切る》

人称接辞（aff）

　動詞の主格、目的格の人称と数は人称接辞で表される。人称接辞には、主格人称接辞、目的格人称接辞、抱合人称接辞の三種がある。

〈表1〉主格人称接辞　〔若〕

	単数	複数
一人称	ku=《私が〜》	'an= / ='an 《私たちが〜》
二人称	'e=《おまえが〜》	'eci=《おまえたちが〜》
三人称	ゼロ《彼が、彼女が〜》	=(a)hci《彼らが〜》

〈表2〉対格人称接辞　〔若〕

	単数	複数
一人称	'en=《私を〜》	'i=《私たちを〜》
二人称	'e=《おまえを〜》	'eci=《おまえたちを〜》
三人称	φ=《彼を、彼女を〜》	=(a)hci《彼らを〜》

　ただし、〔老人ことば〕では一人称複数接辞 'an= / ='an を一人称単数接辞として使う。老人であるタケさんが、Tahkonanna 'an=nee.《私はタッコナンナだ》というように使う。

抱合人称接辞

　目的語をとる動詞、つまり他動詞に人称接辞が接続するときは、抱合人称接辞がつく。例えば、2他動詞 konte《与える》に、《私がお前に》を意味する抱合人称接辞 'eci= をつけて、tah 'eci=konte kusu.《これを私がお前にあげるよ》ということができる。抱合人称接辞は、〈表3〉の通りである。ただし、一人称複数 'an= / ='an は他動詞には前接し、自動詞には後接する。この一人称複数接辞は、〔老〕では一人称単数として用いられる。

〈表3〉抱合人称接辞　〔若〕

主＼対	1単	1複	2単	2複	3単	3複
1単			'eci=	'eci= =yan	ku=	ku= =hci
1複			'ane=	'eci= =yan	'an=	'an= =〜hci
2単	'en=	'i=			'e=	'e= =hci

2複	'en= =yan 'eci'i=	'i= =yan			'eci=	'eci= =hci
3単	'en=	'i=	'e=	'eci=		=hci
3複	'en= =hci	'i= =hci	'e= =hci	'eci= =hci	=hci	=hci

ex. tanto nisahta 'ohorono ku=numa.《今朝私は遅く起きた。》
　　tanto nisahta 'ohorono payki='an.《今朝私たちは遅く起きた。》
この文は〔老人ことば〕では、《今、私は遅く起きた。》の意味になる。ただし、payki は numa《起きる》の複数形。

ex. ponno 'en=teere kanne.《ちょっと待って下さい。》
　　'eci=teere 'eci=teere yahka ku=koyaykus.
　　《私はお前を待って待っていたができなかった（お前は来なかった）。》
　　'anoka tu'aynu 'an=koro teh 'ane=konte kusu.
　　《私たち二人が買ってあなたにあげましょう。》
　　'eci'oka tu'aynu pirika 'imii 'eci=koro 'ike 'en=konte=yan.
　　《あなたたち二人がいい着物を買って私にくれた。》

＊対格人称接辞は動詞のほかに位置名詞、後置詞にも接辞する。
　ex.　'enempokehe《私の下》、'eneponi《私の後から》
＊一人称複数　'an ～ / ～ 'an は他動詞には前接し、自動詞には後接する。またこの一人称複数接辞は、年寄り言葉では一人称単数として用いられる。

ex. tanto nisahta 'ohorono ku=numa.《今朝私は遅く起きた。》
　　tanto nisahta 'ohorono payki='an. ＊《今朝私たちは遅く起きた。》
　　＊ payki は numa《起きる》の複数形。
　　ponno 'en=teere kanne.《ちょっと待って下さい。》
　　'eciteere 'eciteere yahka ku=koyaykus.
　　《私はお前を待って待っていたができなかった（お前は来なかった）。》
　　'anoka tu'aynu 'an=koroteh 'ane=konte kusu.
　　《私たち二人が買ってあなたにあげましょう。》
　　'eci'oka tu'aynu pirika 'imii 'eci=koro 'ike 'en=konteyan.
　　《あなたたち二人が良い着物を買って私にくれた。》

助動詞（aux）

　助動詞は動詞の後について、可能、推量、願望、断定、程度、テンス、アスペクトなどの意味を添える。以下のとおり、詳しい意味と用法は省略して、簡単な和訳を付して列挙するにとどめる。

(1) φ《～た、いつも～する》
　ex. wahka ku=kuu φ .《私は水を飲んだ》
(2) kusu《これから～する（意志）》
　ex. wahka ku=kuu kusu.《これから私は水を飲む》

(3) kusu 'an 《〜ている》
　　ex. wahka ku=kuu kusu 'an.《私は水を飲んでいる》
(4) teh 'an 《〜てある》
　　ex. wahka kuu hemakateh 'an.《水を飲んでしまってある》
(5) 〜hV ne'an 《ちゃんと〜している》
　　ex. tara 'aynu wantehe ne'an.《彼はちゃんと知っている》
(6) hemaka 《てしまう》
　　ex. 'ampene ku='oyra hemaka.《すっかり私は忘れてしまった》
(7) wa 'isam 《してなくなった》
　　ex. tara 'aynu 'omanuwa 'isam.《あの男は行ってしまった》
(8) manu 《〜とさ》
　　ex. sine 'ahci 'an manu.《あるおばあさんがいたとさ》
(9) koyaykus 《できない（事情で）》
　　ex. tanto ku='oman koyaykus.《今日は私は行けない》
(10) 'e'aykah 《できない（能力欠如で）》
　　ex. tonkori rehte ku='e'aykah.《私はトンコリができない》
(11) 'e'askay 《できる、上手だ》
　　ex. 'ahci tonkori rehte 'e'askay.《ババはトンコリが上手だ》
(12) 'ekasre, 〜 'ekas 《〜すぎる》
　　ex. ku='ee 'ekasre.《私は食べ過ぎた》
(13) rusuy 《〜たい》
　　ex. wahka ku=kuu rusuy.《私は水が飲みたい》
(14) ranke 《〜たり〜たり》
　　ex. ku=numa ranke ku=mokon ranke nah ku=kii.《私は起きたり寝たりしていた。》
(15) ka hankii 《〜ない》
　　ex. wahka ku=kuu ka hankii kusu.《私は水飲みたくない》
(16) ka 'esinka 《〜しにくい》
　　ex. nuye ka 'esinka.《書きにくい》
(17) 'etunne 《〜たくない》
　　ex. ku='oman ku'etunne.《私は行きたくない》

終助詞 (f)

　イントネ〜ションを伴って文末に現れる助詞を終助詞 final particle (f) と呼ぶ。紙面の都合で、例文のみを挙げるにとどめる。文末に付したのは簡略イントネーション記号。

1. nee carehaw kiiwa 'in=nuure kanne. ↗《何かお話をして聞かせて下さい。》
2. 'e=yehcihi nee no kii waa. ↗《言われたとおりにしなさい。》
3. kara kah. ↗《作れ。》
4. 'oman soh. ↗《行こう。》

5. tuunah kanne paye'an 'anaa. ↗《早く行きましょう。》
6. keh paye'an roh. ↗《さあ、行こうよ。》
7. pohkeno mokoro 'anah pirikaha nee nanko. ↗
  《暖かくして寝たら良くなるでしょう。》
8. 'eci=konte nanko. ↘《いや、お前にやるもんか。》
9. tani 'uunas 'an='eehe neeko. ↘《たった今、私は食べたのだよ。》
10. 'ahci seeseh wahka 'e=kuu rusuyehe hetaneya? ↘
  《ババ、お茶が飲みたいかってさ。》
11. teepoka 'omanywa Tokoro 'ohta 'e='oman kusu 'iki. ↗
  《ここを行くと常呂へ行きますよ。》
12. ke'anah, 'eci=koore ciki. ↗《さあ、あげますからね。》
13. 'omanu wa naa. tuunas kara yan. ↗
  《ほら、行ってしまったよ。早くしなさい。》
14. keera'an noo. ↗《ああ、おいしいなあ。》
15. nee poy seta ka 'an=koro 'okaa. ↗《小犬でも欲しいなあ。》
16. Harumi neya 'otoopempe 'eehe 'uwa. ⌒
  《ハルミがそのお菓子を食べたんだ。》
17. 'okore 'eyaykonupurahci hii. ↗《みんなそれを喜んだよ。》
18. hemata kusu 'e=cis hii? ↘《どうして泣いているの？》
19. pirika ha'aa? ↘または ⌒《なおったのかい？》
20. neya nispa 'eh waa. ↘《あのお方、おいでになったか。》
21. nah kanne ka 'itah ku=wantehe ne'anike'aa. ⌒
  《こんなにも私は言葉を覚えたんだなあ。》
22. neera ku=hunara yahka 'isam 'ampe. ↘《どんなに探してもないよ。》

接続助詞（ac）adverbial conjugation

　動詞に接続して、全体が副詞節として働き、ある意味を付して文を続ける機能を持つ助詞を接続助詞 adverbial conjunction,（ac）と呼ぶ。接続助詞は一文中に複数用いることも可能である。接続助詞は多数あるが、ここでは主要なものだけを挙げる。

（1）teh 《～して、～てから》、一つの行動が終って次の行動が行われる。
　　ex. tara 'aynu 'oman hemaka teh ku'ani ku='eki hii.
　　　《あの人が行ってしまってから私は来た》
　　　　tah ku=koro teh ku='eh.《これを私が買って来た》
（2）'ike 《～すると～だ、～して～だ、～して～して～だ》、前の行動に引き続いて次の行動が行われる。前の行動が後の行動の原因を表すこともある。
　　ex. 'ahci cis kanne yuukara 'ike 'en=nuure.
　　　《ババは泣きながら歌って聞かせてくれた》

'unci 'isam 'ike ku='esinka.《火がないと困る》

(3) wa《～して～する》、前の行動と後の行動が一体となって一つのまとまった行動として表現する。混然として一つになった二つの動作に用いられる。
ex. paase kusu 'an='okasura 'ani 'an=cahseka wa 'an='omante.
《重いから押しながらずらして行かせた》
'e'ani koro wa 'i=konte.《お前、私に買ってくれ》

(4) kusu《～のために、～しに、～から、～ので》、目的、理由、原因を表す。
ex. Hokkaidoo 'onne paye='an kusu 'ikoro renkayne 'an='esiwpu teh 'an='ampa teh paye='an.
《北海道へ行くために私はお金を沢山稼いで持って行った》
'anoka wahka 'an=taa kusu paye='an.〔老〕《私は水を汲みに行った》

(5) 'ani〔老〕《～によって、～して、～ながら、～ので》、手段、方法、理由を表す。〔若〕では 'ani は 'aynu 'itah 'ani《アイヌ語で》のように後置詞《～で》として用いられる。
ex. 'an='e'ukotuuri'ehekem 'ani 'an='ukawka kusu 'an.〔老〕
《私たちは互いに伸ばし引っぱり合って縫っている》
'e='eh 'ani 'an='ekiroro'an.〔老〕《お前が来たので私はうれしい》

(6) kanne《～ながら、～して》、継続的な動作と並行して他の動作が行われる。
ex. 'ahci cis kanne yuukara 'ike 'en=nuure.
《ババは泣きながら歌ってきかせてくれた》
'ocinakarine yaykara kanne 'ahkas wa.
《気をつけて身仕度をして旅立ちなさい》

(7) yayne《～ながら、～して、ずっと～して終に～する》、長く継続され、あるいは繰り返された動作の終る頃に次の動作が起る。
ex. hempah suy ka teeta ku='eh yayne tani 'aynu'itah 'ampene ku=wante.
《何度かここに来ているうちに今アイヌ語がとてもわかるようになった》
ku=henoye yayne ku=mokoro hemaka.
《うとうとしているうちに私は眠ってしまった》
yayne の前に ～n がくると同化によって yayne が nayne になることがある。
ex. 'itak=an nayne toonosiki 'oman hemaka.
《私たちが話をしているうちにお昼になってしまった。》

(8) 'omantene《さんざん～したあげく、何度も～したあとで》、何度もある行動が行われた後に次の行動に帰着する。前行の動作と後行の動作が不連続で、無関係のことが多い。
ex. nampecikoh nampecikoh 'omantene sehpokosma hemata? ruy.
《顔を洗っては顔を洗っては棚に入ってしまうもの、なあに？ 砥石》
tara hekaci 'ampene cis cis 'omantene tani 'inkara kusu 'an.
《あの子はさんざん泣いたあげく今きょとんと見ている》

(9) ko'ekaari〔老〕《〜の最中に、〜の途中で》、ある行動が行われている中間点で他の行動が起る。
 ex. 'an='e'ukoweepekere ko'ekaari 'oyah wa 'aynu 'eh.
  《互いにうわさしている最中によそから人が来た》
  'ipe='an ko'ekaari tara 'aynu 'eh.《食事の最中にあの人が来た》

(10) koh, kohki〔老〕《〜すると、〜したとたん、同時に》
 ある行動が行われると、決まったように引続いてすぐ次の動作が行われる。
 ex. kamuy hum 'an koh 'ahto ran.《雷鳴がしたとたん雨が降り出した》
  tara hekaci 'aynu 'eh koh neera'annahka nani cis.
  《あの子は人が来ると必ずすぐ泣く》

(11) ranke 《〜たり〜たりする、〜を繰返す》、ある動作が終って次に他の動作をする。更に次の動作が行われる。または同じ動作を繰返し行う。この時、動作と動作との間に間隔があるのが特徴である。
 ex. kesto 'asinkoh kampi ku=nuye ranke ku='an.
  《私は毎日（何度も）勉強をしている》
  nuye ranke 'an, nuye ranke 'an.《書いては休み、書いては休みしている》

(12) 'etokota 《〜る前に、〜た前に》、ある動作が行われる以前に他の動作が行われる。
 ex. simma ku'ani ku='eh kun 'etokota hanka 'omanu waa.
  《明日私が来る前に行かないでくれ》
  nuuman ku'ani ku='eh 'etokota tara 'aynu 'omanu wa 'isam.
  《きのう私が来る前にあの人は行ってしまった》

(13) 'okaaketa 《〜したあと》、ある動作が終った後に次の行動が継続される。
 ex. 'ahci 'oman 'okaaketa ku='eh.《ババが行ったあとで私は来た》
  kunanna 'oman 'okaaketa ku=yaykonismu.
  《私の姉さんが行ったあとずっと私はさびしい》

(14) yahka, yahkayki〔老〕《〜のに、〜ても》、ある動作が行われるにも拘らず逆説的な状況や動作が発生する場合に、譲歩節をつくる。
 ex. neera 'an=kii yahka pirikano hannehka 'an=kii.
  《どうしてもよくできない》
  renkayne 'imii mii teh 'ekasre seeseh yahka wen.
  《たくさん着物を着て暖かくしすぎてもわるい》

(15) 'anah 《〜たら、〜えば》、仮定表現。ある動作が起るという条件が満たされれば、他の動作が起る。未来のことに使われる。
 ex. 'uko'itah='an 'anah 'e=wantehe nee nanko.
  《話し合えばお前はわかるだろう》
  simma 'ahtoran 'anah hannehka ku='oman kusu.
  《あした雨が降ったら私は行かないよ》（雨が降るかどうか分からない）

（16）ciki 《～たら、～するから》、ある動作が起こりそうだと想像して、もしその動作が起これば他の動作が起こる。あるいはある動作が起こることが確定的で、それが起こった場合に他の動作が起こる。

ex. 'e=kon rusuype 'an ciki yee waa.
《お前のほしいものがあったら言いなさい》
simma 'ahto ran ciki hannehka ku='oman kusu.
《あした雨が降ったら私は行かない》（雨が降りそうだと思っている）
'eci=koore ciki 'uh waa.《お前に渡すから受け取りなさい》

接続助詞は、以上挙げた例のほかにも pahno《～するまで》、'ohta《～するとき》、neeno《～するように》など多くある。ここでは省略する。

NPの構造

NPの構造のタイプは、(1) n だけ、(2) n の所属形、(3) 連体詞 + n、(4) n + 連体後詞、(5) VP + 形式名詞、(6) n + 位置名詞 の6つのタイプがある。この順にしたがって重要事項を以下に述べる。

人称代名詞

アイヌ語では前述したように、動詞の主従関係は人称接辞で表示されるから元来、人称代名詞はなかった。人称代名詞は、人称接辞に存在を表す動詞 'an《ある、いる》が付いた形として派生した形である。

ここで特筆すべきは、樺太西海岸方言に特徴的な〔老人言葉 'onne 'itah〕と〔若者言葉 sukuh 'itah〕による用法の相違である。以後これを〔老〕〔若〕と省略する。〔老〕は老人同士で用いられる特殊なスタイルで、人称代名詞や人称接辞ではっきりと文法的に使い分けられている。簡単に言うと、〔老〕では普通の言葉である〔若〕の一人称・二人称複数形が一人称・二人称単数形として用いられていることである。そのために人称体系が〔老〕〔若〕では異なるという現象が生じている。私が習った語り部たちはみんな高齢の方ばかりだったので、〔若〕の言語実態は考察できなかった。本編の語り部の藤山ハルさんによれば、〔老〕は日常語で厳格に使われていたそうである。

以下の表は〔老〕〔若〕に分けて提示した。

〈表4〉 人称代名詞 〔若〕

人　称	単数	複数
一人称	ku'ani《私》	'anoka《私たち》
二人称	'e'ani《お前》	'eci'oka《お前たち》
三人称	tara 'aynu《あの人》	taranoka 'aynu 'uta《あの人たち》

〈表5〉人称代名詞 〔老〕

人　称	単数	複数
一人称	'anoka《私》	'anokayahcin《私たち》
二人称	'eci'oka《お前》	'eci'okayahcin《お前たち》
三人称	ゼロ tara 'aynu《あの人》	— 'uta taranoka 'aynu 'uta《あの人たち》

疑問代名詞、指示代名詞など

　hemata《なに》
　naata《だれ》
　nakorokehe《どこ》
　ta'orokehe《そこ、あそこ》
　ta'aante'orokehe《ずっと向う》
　neerohkehe《どこか》

名詞の所属形

〈表6〉人称所属形

人　称	単数	複数
一人称	ku—hV《私の〜》	'an—hV《私たちの〜》
二人称	'e—hV《お前の〜》	'eci—hV《お前たちの〜》
三人称	—hV《彼の〜》	—hVhcin《彼らの〜》

所属形の作り方

　上表の三人称単数の後接所属接辞のついた形（〜hV）を、一般に所属形と呼んでいる。所属形の作り方は、名詞 n の最後の音節の性質によって異なる。作り方は以下の通り。

(1) 短母音で終わる n は、同じ母音を h の後につける。
　　ex.
　　'ona《父》　　→　　'onaha《だれかの父》
　　pise《胃》　　→　　pisehe《だれかの胃》

(2) 長母音 –aa, 〜 ee, 〜 oo で終わる n は、同じ母音を h の後につける。
　　kaa《糸》　　→　　kaaha《何かの糸》
　　kee《脂》　　→　　keehe《何かの脂》
　　poo《子》　　→　　pooho《だれかの子》

(3) 長母音 〜 ii で終わる n は、〜 iyehe をつける。
　　pii《種》　　→　　piyehe《何かの種》

sii《便》　　→　　siyehe《何かの便》

(4) 長母音 ～uu で終わる n は、～uwehe となる。
puu《倉》　　→　　puwehe《何かの倉》
ruu《道》　　→　　ruwehe《何かの道》

(5) ～w, ～y で終わる n は、～ehe をつける。
haw《声》　　→　　hawehe《だれかの声》
'ay《矢》　　→　　'ayehe《だれかの矢》

(6) ～m, ～n で終わる n は、～ihi をつける。
kem《血》　　→　　kemihi《何かの血》
hum《音》　　→　　humihi《何かの音》
hon《腹》　　→　　honihi《何かの腹》

(7) ～am, ～an で終わる n は、～uhu をつける。
nan《顔》　　→　　nanuhu《だれかの顔》
kotan《村》　　→　　kotanuhu《どこかの村》

(8) ～s で終わる n は、～uhu, ～ehe, ～ihi をつける。
sas《昆布》　　→　　sasuhu《だれかの昆布》
kes《はずれ》　　→　　kesehe《何かのはずれ》
sos《切れ》　　→　　sosihi《何かの切れ》
rus《毛皮》　　→　　rusihi《何かの毛皮》

(9) ～h で終わる n は、語によって ～pihi, ～puhu, ～tuhu, ～kihi, ～cihi, ～rihi となる。
cih《舟》　　→　　cipihi《だれかの舟》
kah《皮》　　→　　kapuhu《なにかの皮》
kah《形、姿》　　→　　katuhu《何かの形、姿》
koh《跡》　　→　　kocihi《何かの跡》
'itah《ことば》　　→　　'itakihi《だれかのことば》
'utah《親戚》　　→　　'utarihi《だれかの親戚》
mahtekuh《女》　　→　　mahtekurihi《だれかの女》

所属複数接尾辞　-hcin

特記したいのは北海道には見られないこの方言に特徴的な所属複数接尾辞 -hcin についてである。これは人や物が他の人や物に所属しているときの複数形として使われる。自分の孫のような小さい子どもが複数いるのを指して、

（1）ku=micihi=hcin《私の孫たち》 （2）mitutara ＜ mih + 'utara《孫たち》の二通りの言い方ができる。つまり、（1）は「自分の孫たちの集団」（2）は「孫のような小さい子どもたちの集団」を意味している。これは非常に面白い手続きで、複数の集団が誰か、あるいは何かに所属しているか否かで文法的手続きが全く異なるわけで、この言語ではある集団の帰属性が文法的な意味を持つということができる。もう一つ例を挙げる。長老を含む集団を見て、（1）taranoka nispa 'uta《あの長老たち》（2）tan nispa 'utarihihcin《あの長老のお伴たち》この接尾辞は所属形にしか接続しないから所属複数接尾辞 possesive plural suffix と呼ぶことにする。

連体詞（at）
　nの前に来てnを修飾する語。指示連体詞と数連体詞（数詞）がある。

指示連体詞
　tan《この》、tanoka《これらの》、tara《その、あの》、taranoka《それらの、あれらの》、taa〔早〕《その、あの》、ta'an《あっちの》、t'anoka〔複〕《あっちの》、ne'an《その、例の（文脈指示）》、neya〔早〕《その、例の（文脈指示）》、ne'anokay《それらの文脈指示》、hemanu《どの》、nee—（ka）《何か—（でも）》、hempah《どれだけの、何人の、いくつの》

　以下は、'an/'okay と連語になった指示連体詞：
nah'an《こんな》、nah'oka〔複〕《こんな》、'ene'an〔老〕《こんな》、'ene'oka〔老〕〔複〕《こんな》、na'ah'an《こんな》、na'ah'oka〔複〕《こんな》、temana'an《どんな》、nahta'an《どの、どこの》、nahwa'an《どっちの》、'ikuswa'an《向こうの》、teewa'an《こっちの》、neera'an −（ka）《どんな～（も）》

数連体詞
　1から1000までの数連体詞：
sine《1つの》、tu《2つの》、re《3つの》、'iine《4つの》、'asne《5つの》、'iwan《6つの》、'arawan《7つの》、tupesan《8つの》、sinepisan《9つの》、wan《10の》、tukunkutu《20の》、rekunkutu《30の》、sinetanku《100の》、tutanku《200の》、retanku《300の》、sinewantanku《1000の》

指示代名詞など
　連体詞に形式名詞 –h, -pe《～もの》が接続すると指示代名詞や数詞の名詞形ができる。
sineh《1つ》、tuh《2つ》、reh《3つ》、'iinh《4つ》、'asneh《5つ》、'iwampe《6つ》、'arawampe《7つ》、tupesampe《8つ》、sinepisampe《9つ》 tampe《これ》、tarampe《それ、あれ》、tanokaype《それ等、あれ等》、tanokaype ta'ampe neyah hemanuh neh

助数詞

数連体詞に接続して名詞、または副詞として機能する単位を表す名詞を助数詞と呼ぶ。以下のようなものがある。

〈表7〉 助数詞のいろいろ

助数詞	どんなものについて使うか	sine のついた形
'aynu	人	sine 'aynu《一人》
num	粒、豆、芋、リンゴ、ブドウなど	sine num《一粒》
pii	穀類の粒、米、トウモロコシなど	sine pii《一粒》
tuu	長いもの、竿など	sine tuu《一本》
sos	薄くて広いもの、紙、布など	sine sos《一枚》
tapara	俵	sine tapara《一俵》
kiro	履物	sine kiro《一足》
woo	親指と中指を広げた長さ	sine woo《？》
'enkowoo	親指と中指を第二関節で曲げて広げた長さ、woo の半分	sine 'enkowoo《？》
tem	両手を広げた長さ	sine tem《一尋》
'ipaakari〔老〕	米、酒	sine 'ipaakari《一升》
compay	米、酒	sine compay《一升》
nii'atus	米、kito などの山菜、酒	sine nii'atus《一樽、一桶》
tokii	時間	sine tokii《一時間》
suy	回数	'arasuy《一回》tusuy《二回》
too	日数	sine too《一日》
paa	年数	sine paa《一年》

連体後詞

名詞に後置して名詞に何らかの限定を加える語がいくつかある。不定複数を表す場合が多い。これらの語は独立した名詞としても使われる。これも連体詞の仲間に入れることにする。例が5つしかないが、今後この種の語例が出てくるかもしれない。

1. 'uta（h）〔早〕〜 'utara〔老〕《〜たち、〜ども、〜等》多数ではないが複数を表す。人間だけでなく所属形以外のすべての名詞に使える。この点は北海道と違う。
   ex. 'aynu 'uta《人たち、(5，6人)》、seta 'uta《イヌども》、'otoopempe 'uta《お菓子たち（沢山）》、'ota 'uta《沢山の砂》、wahka 'uta《沢山の水》
2. 'oy 《〜たち、〜ども、〜等》'uta（h）より多数の場合に用いる。
   ex. 'aynu 'oy《大勢の人たち》、seta 'oy《イヌども（沢山）》、'otoopempe 'oy《お菓子（沢山）》、wakka 'oy《水（沢山）》

3. 'ikiri《〜の一団、〜の群》。'oy よりさらに多い場合に使う。
    ex. 'aynu 'ikiri《人の群れ》、seta 'ikiri《イヌの群れ》、
       'otoopempe 'ikiri《お菓子の山》
4. 'okore《全部の、〜とも、みんな》〜を全部まとめていう表現。副詞（av）と考えられる場合もある。
    ex. tu 'aynu 'okore《二人とも》
    ex. 'episkan kotan 'orun 'itah 'okore wante.
       《（彼は）方々の国の言葉もみんな知っている》
5. 'anihi、'okayahcin〔複〕《〜自身》。前に来る名詞を強調するときにいう。
    ex. tara 'aynu 'anihi 'oman kusu.《あの人自身が行くそうだ》、
    ex. 'ahci 'uta 'okayahcin naa payehci kusu.《ババたち自身までも行くそうだ》

形式名詞

動詞や連体詞に後接して NP を形成する独立性の弱い名詞がある。短形（-）と長形がある。

1. –pe《〜もの》。
    ex. poroope《大きいもの》、haciko'oope《小さいもの》、seesehpe《熱いもの》、
       rupuspe《冷たいもの》、'ekemasahpe《足のないもの》、
       kemakorope《足のあるもの》、'ihsikaarimpape《真ん丸いもの》、
       'e='erameskaripe《お前の知らないもの》、miipe《着るもの》
2. 'ampe〔老〕《〜もの》。
    ex. 'an=huraye 'ampe《洗うもの》、pirika 'ampe《いいもの》
3. –hV《〜こと、〜の》動名詞を作る語尾。
    ex. ku'arakaha pirika.《私の痛いのが治った》、
       ku=yeehe sunke.《私の言ったことは嘘だ》
    cf. yeepe（n）は名詞で《ことば》。'e=ramuhu neeno《お前の思うように》
4. kuru, kuh,《〜人》。
    ex. sirunkuru〔悪〕《貧乏人》、yaywentekuh《貧乏な人》、tarankuh《あのお方》
    cf. taran〔老〕は tara の古語か。
5. 'utara, 'utah〔複〕《人々》。
    ex. yaywente'utah《貧乏な人々》、taranoka'utah《あのお方たち》
6. 'usiikehe《〜のところ》。場所を表す。
    ex. ku='oman 'usiikehe《私の行くところ》、toypoye 'usiikehe《発掘しているところ》、'e=sikah 'usiikehe《お前の生まれたところ》、
       riwka karahci kun 'usiikehe《これから橋の架かるところ》
7. 'ikehe《〜の部分》。全体の中の一部をいう。
    ex. pirika 'ikehe《良いところ》、wen 'ikehe《悪いところ》、
       'araka 'ikehe《痛いところ》

位置名詞（pn）

　名詞と接続しこれと統合して接続した名詞との位置的、時間的関係を示す独立性の比較的弱い名詞の変種を位置名詞 position noun という。多くの場合これに ta, 'ene, wa のような格助詞が接続して用いられる。位置名詞は非常に多く、ここでは一部の語例と用例を挙げるにとどめる。

〔語例〕 *ex.*

　　kaske《接触した上》、'enkaske《離れた上》、kaa〔老〕《接触した上》、'enkaa《離れた上》、kurukaa〔老〕〔神〕《広大なものの離れた上》、kitayke《頂上、（川の）源》、'empoke《すぐ下、真下》、coropoke《少し離れた下、わき》、sanke《そば》、kurupoke〔老〕《そば》、'o'uske《ふもと、根元、裾》、sutuke〔老〕《ふもと、根元、裾》、'ostaake《底》、'utohtonke《上下の中ほど》、hontonke《鍋、樽、茶わんなどの半分》、tunke《中、詰まったものの内部》、tonke《途中、中腹》、noske《表面の中心、帯状のものの中心線》、'etoko《長いもの、高いものの先端》、kohsaake《あたり、近辺》、'okaake《離れた後ろ》、'osmake《すぐ後ろ》、sooka《ずっと後ろ、背後遠くまで》、sempirike《陰》など

〔用例〕 *ex.*

1. cikuwe kasketa 'otoopempe 'okay.《机の上にお菓子が沢山ある》
2. 'esapaha 'enkasketa cahraku rahki kusu 'an.
　《お前の頭の上にランプが下がっている》
3. tara nupuru 'enkaata kurasino niskuru 'an.〔老〕
　《あの山の上のほうに黒い雲がある》
4. nupuru kitayketa sine nii hotari manu.《山の頂上に一本の木が立っている》
5. 'enrum 'empokehe 'atuy.《断崖の下は海だ》
6. sikurupoke'ene 'inkara waa,《自分の後ろのほうを見なさい》
7. 'unci sanketa san.《火のそばに下りてきた》
8. 'entunketa reera 'ahun.《私の体の中に風が入ってきた》
9. ruu tonketa 'ommo ku='ekaari.《道の途中で私は母さんに出会った》
10. cise sempiriketa suukawka 'ike pirika.
　《家の陰（軒下）でお裁縫をするといい》

　上の例で分かるように、位置名詞に場所格を示す助詞 –ta《〜に、〜で》に接続すると副詞節を形成する。

副詞部の構造

　副詞節 AP は、(1) 副詞（av）だけ、(2) 副詞＋副詞強調語、(3) v＋副詞形成辞、(4) n＋後置詞、(5) v＋接続助詞などのタイプがある。その例は、(1) yeeruye《最も》、(2) yeeruye kanne《一番》、(3) pirika-no《元気で》、(4) 'ecisehe 'ohta《お前の家で》、(5) 'itahruyan nayne《おしゃべりしているうちに》である。AP は普通、

VPより前に位置してVPを修飾する。

副詞（av）adverb

　副詞は単独でVPを修飾する機能をもっている。例えば、以下のような語である。tani《いま》、tanto《今日》、'ampene《全く》、naaruy《もっと》、'urukay《ちょっと》、rayohteponno《やっと》、nah《こう》、temena《どう》、sinenehka《一人で》、'ekuskonna《だしぬけに》、moteki《せっかく》など沢山ある。ここでは文法的に重要と思われるものや問題のあるものについて意味と用法を挙げる。

（1）hannehka《〜しない》否定を表す。
　　ex. hannehka ku='oman kusu.《私は行かないよ》
（2）hanneh〔早〕《〜しない》あまり例がない。
　　ex. ku=nuu yahka hanneh ku=sinuure tehku='an kusu ku='an.
　　《私は聞いていたけれど聞かない振りをしている》
（3）han《もしや〜でないか》
　　ex. neerohkehe han ciwentehe ne'an kusu?《どこか壊れているのではないか》
（4）nah《こう、ああ》
　　ex. nah kii waa.《このようにしなさい》
（5）'ene〔老〕《こう、ああ》
　　ex. 'ene kii waa.《このようにしなさい》
（6）temana《どう、どのように》
　　ex. temana 'an kusu 'ene'ani hii?《どうしてこうなのか》
（7）sonno《ほんとうに》sonnoは副詞だが、sunke（v1）は自動詞。sonnoは人称接辞を取らないがsunkeは人称接辞をとる。
　　ex. ku=sunke.《私は嘘をついた》sunke sonno 'an 'itah《本当の言葉》
　　cf. sunke 'itah《嘘の言葉》
（8）'eneteh《ありとあらゆる》　慣用句の中で用いられる。
　　ex. 'eneteh 'itah nah 'ayyeepe《言葉というものみんな、すべて言葉というもの》
　　　　'eneteh kotan 'an pahno 'an 'aynu《あらゆる村にいる人》
（9）maskin《そんなに、あまり（〜ない）》
　　ex. maskin nah 'an piye kuni ka han ku=ramu.
　　《まさかこんなに（彼女が）ふとると思わなかった》
（10）'uneeno《同じように、互いに一緒に》
　　ex. 'uneeno paye='an《一緒に行こう》
（11）hempah《いつのまにか、もう》
　　ex. ku=nukan rusuy yayne hempah 'oman hemaka.
　　《会いたい会いたいと思っていたらもう行ってしまった》
（12）hempara《いつ》
　　ex. naa hannehka kihci. hempara kihci kusu?
　　《まだ始まらない。いつ始まるのだろう》

(13) 'ekasre《あまり、〜すぎる》
　　ex. ku'ani 'enohta ne'anah 'ekasre pirika《私には良すぎる》
(14) yayekota《自分勝手に、自分で》
　　ex. yayekota yuukara sikahte teh kara teh kii kusu 'an.
　　　《自分勝手に歌を作って歌っている》
(15) 'anno《〜られる》受身の表示。
　　ex. 'anno 'i=nukaraha nee sirihi 'an.《私は見られているようだ》

副詞強調語
　しばしば副詞に後置詞などを副詞強調語として添えて意味を強めたり意味を加えたりする。
　ex. (1) tani 'isanka《いまにも》、(2) nah kanne《こんなに》、(3) 'ekas kanne《あまりにも〜過ぎる》、(4) nani nani 'onne《だんだん》、(5) tani 'ohta《現在では、今では》、(6) tani 'orowa《これから》、(7) tani pahno《これまで》、(8) tani 'uunas《たった今、今にも》、(9) tani 'isanka《今にも》、(10) tani 'uwasi《たった今》、(11) 'anihi 'uwasi《自分から、自分で、自分でさえ》

副詞形成辞
　動詞に接続して副詞を形成する接辞がある。-no, hamo-, kanne, -ponne, -pohka など。ex.
(1) -no, 比較的生産的な接辞である。
　ex. pirika-no《良く》、'otanneno《長々と》、
　cf. 'ehawsahno《黙って》、'asirino《新しく》、'asinno《はじめて》、
　　sihteno〔早〕《いっぱい》、sihte kanne《いっぱいに》、maskinno《あまりにも》、
　　hoskino《先に》
(2) hamo-, 打ち消し《〜ないで》
　ex. Rawsi 'ohta hamomokoro monraykihci kusu 'okayahci.
　　《羅臼ではみんな寝ないで働いている》
(3) kanne, 様態《〜で》tuunah kanne《早く》、'ohoro kanne《遅く》、
　　sihte kanne《いっぱいに》あまり例が多くない。
(4) -ponne, 控えめな表現。piinuhponne《こそこそと》、
　　rennehponne《ゆっくりと》tuunahponne《早く》、これもあまり例が多くない。
(5) -pohka piinuhpohka《こそこそと》

後置詞 (pos) postposition
　名詞の後に置かれてその語句を統合して副詞節を形成する働きを持つ語を後置詞と呼ぶ。日本語の「で」「に」「から」「へ」などの助詞のように後置詞は動作の方向や経過などを表す。後置詞は対格人称接辞をとることができる。ex. 'en-'ohta《私にとって》、'en-oponi《私の後から》など。以下にその意味と用法を示す。

(1) 'onne, 'ene《～へ、～に》動作の方向を示す。'ene は短形。
　ex. 'ancisehe 'onne paye='an.《家に帰ろう》
　　　wahka tunke 'ene ren hemaka.《水の中に沈んでしまった》
(2) 'ohta, ta《～で、～に》動作が行われる場所、時間。
　ex. nupuru 'ohta makan.《山に登る》
　　　wan too 'ohta 'uneeno paye'an.《10日に一緒に行こう》
(3) 'orowa, -wa, 'oro《～から、～でもって、～に》動作の起点を表す。転じて派生的意味にもなる。
　ex. sampehe caruhu 'orowa 'asin neeno 'ehopempa.
　　　《心臓が口から飛び出るほど驚いた》
　　　nah-wa ka ci 'uhpepaste pirika haw 'an kusu 'an.
　　　《どこからか珍しい、きれいな声がしている》。
　　　動作の起点が条件なので次の例には 'orowa は使えない。puyara * 'orowa 'ahun《窓から出る》、kaari を使う。puyara kaari 'ahun《窓から出る》
(4) pahno《～まで》動作の到達点や時間の限界を表す。
　ex. 'enkokehe pahno naa hannehka ku=yee.《まだ半分までも終わっていない》
(5) 'ahkari《～より》比較の対象。
　ex. 'otoopempe 'ahkari 'ikoro poronno ku=kon rusuy.
　　　《お菓子よりお金のほうがずっと私は欲しい》
　　　'e 'ani 'en= 'ahkari 'ampeme 'e= 'e 'askay.《お前は私よりずっと上手だ》
(6) 'ani《～で》動作の手段、道具。
　ex. aynu 'itah 'ani yee kanne.《アイヌ語で言ってください》
(7) 'iika《～を越えて》表面を伝って越える。
　ex. 'ekemasah kuh 'iwan kotan kaama nupuru 'iika 'omah, hemata? cih.
　　　《六つの村を飛び越え、六つの山を越えて行くもの、なあに？　舟》
(8) kaama《～を越えて》表面から離れて越える。
　ex. tara cikah nupuru kaama 'oman.《あの鳥は山を越えて飛んで行った》
(9) kaari《～を通って》手段のいかんに拘わらずそこを通過する。
　ex. meko puyara kaari 'ahun. nupuru kaari 'oman.《ネコが窓から入った》
(10) ('o) poso〔若〕《～をくぐって》〔老〕では本動詞として用いられる。
　ex. kucinturukehe poso 'oman.《私の股の下を(消しゴムが)潜って行った》
　　　しかし、〔老〕では poso が本動詞として使われている。
　　　'ancinturukehe poso wa 'oman.〔老〕
　　　《私の股の下を(消しゴムが)潜って行った》
(11) 'okaakari, 'okaakara《～を通って》
　ex. naycara 'okaakari 'ahun.《川口から入った》
　　　nay 'okaakara san.《川の真ん中を通って下った》
(12) 'epes《～に沿って、～の端を通って》
　ex. nay 'epes makan.《川辺に沿ってのぼって行く》

too 'epes 'ahkas.《湖の周りを歩く》
(13) 'eturasi〔老〕真ん中でも端でもよい、長いものに沿って行くこと。《〜に沿って、〜を伝って》
　　ex. nay 'eturasi san.《川に沿って下った》
(14) tontuye《〜を横切って》
　　ex. nay tontuye 'oman.《川を横切って行った》
(15) tomotuye〔老〕《〜を横切って》
　　ex. ruu tomotuye 'oman.〔老〕《道を横切って行った》
(16) pohka《〜を通って、〜のあたりで》
　　ex. yuhke reera tunke pohka ku=mocasmocas 'ani ku='eki hii.
　　　《強い風の中を通って私は急ぎ足でやってきた》
　　'ecipeh naa 'emuyke 'ohta 'ama 'ike tani, tan ra 'opohka 'ikotuururi manu.
　　　《食器もみんなそこに置いてこんど下のほうから私に差し出した》、
　　reraru noskeke pohka neya yoomah 'ani 'an=ciw manu.
　　　《胸板の真ん中辺りをその槍で私は刺した》、
　　nah pohka paye= 'ani ike pirika kumpe hee?
　　　《どのあたりに私は行ったらいいのだろうか？》
(17) - oponi《〜の背後から、〜について》
　　ex. 'en- 'oponi 'eh waa.《私の後からついてきなさい》
(18) neeno《〜のように、〜を真似して》
　　ex. seta 'aynu kah neeno 'an teh 'aa kusu 'an.
　　　《イヌが人間の姿のようにして座っている》
　　'e=konopuruhu neeno kii waa.《お前の好きなようにしなさい》
(19) sirihine《〜の代わりに、〜に代わって》
　　ex. seta 'aynu sirihine 'an kusu 'an.《イヌが人間に代わって座っている》
(20) ranke《〜ずつ》
　　ex. sine rum ranke《一粒ずつ》
(21) hekota《〜の方へ、〜に向かって》
　　ex. 'e-hekota 'oman.《（彼は）お前の方へ行った》、
　　'en-ekota 'eh.《（彼は）私の方へ来た》、
　　cf. 'en-hekota ＞ 'enekota《私の方へ》
(22) 'etasa〔老〕《〜の方へ、〜に向かって》
　　ex. 'enokaha tani ku= 'uh kusu cuh 'etasa hekiru waa.
　　　《あなたの写真を撮るから太陽の方へ向いてください》
(23) tura《〜と一緒に、〜を伴って》
　　ex. 'ommo hekaci tura 'oman.〔老〕《母さんは子どもと一緒に行った》では本動詞として用いられることもある。tura（v2）《〜を伴う、〜を連れて行く》

（24）–ne《〜で》
　　ex. tu 'aynu ne paye='an.《二人で行こう》
　　　　 re 'aynu ne paye='an.《三人で行こう》
（25）–ne 'an《〜になる》、–ne kara《〜にする》の用法については、これを文法的にどう扱うか未定。今後の課題にしたい。

接続詞 (con) conjunction

後置詞のあるものは文頭に来てそのまま、あるいは nee《〜だ》や 'an《〜がある》などの動詞と結びついて接続詞として機能する。
　ex. 'orowa《それから》、neeteh 'orowa《そうしてから》、neyke《それで》、neyahka《けれども》、nee kusu《だから》、nee kusu neyke《だからして》、neeteh《さて、そうして》、nahteh《こうして》、nah 'an teh《かくして》、tah kusu《それだから》、neyahka taa《だけどその》、ne'ampe neya《それでその》、neya kusu《そういうわけで、それだから》、ne'ampe kusu《だから》、ne'ampe《それで》、kiyke《そうして》、kusu ne'ampe kusu《それだから》、reekoh ne'an ne'ampe《全くそれだから》、neewa 'ampehe kusu《そうしてから》、teh 'orowa《それから》

間投詞 (in) interjection

文法的構造は不明だが、それだけで文を構成する語を間投詞 interjection と呼ぶ。
　ex. 'a'ii《ああ》苦痛を訴えるとき、hee《あれ》男も女も使う、'ee'ee《ふん、ふん》頷く時、'um'um《うん、うん》、'uwa 'uwa《いや、いや》否定するとき、tah tah tah《ほら、ほら》、keh keh《ほうら》、ke'anah《さあ》、hore'aynoo《わあ》美人を見て驚嘆したとき、ta'aa《あっ》何かを見つけたとき、'isaakuree《ああ》、'acakampahsee《わああ》吃驚したとき、yaykistee《なんとまあ》あきれたとき、kee kee kee《さあ、さあ》相手をうながすとき。いくつかの例文を下に挙げる。

1. 'a'ii, honihi 'arakaa.《ああ、おなかが痛い》
2. 'uwa 'uwa, hannehka hannehka.《いやいや、違う、違う》
3. keh keh, paye='anahcii.《さあ、行こう》
4. ke'anah, 'eci=koore ciki.《ほら、お前に上げるよ》
5. hore'aynoo, tara merekopoo.《わあ、あの娘きれいだ》
6. ta'aa, 'atuy kaata cih 'an=nukaraa.《あっ、海の上に船が見えた》
7. 'isa'akuree, ku=sinkaa.《ああ、私は疲れた》
8. kee kee kee, kii=yanu waa kii=yanu waa.《さあさあ、やりなさい、やりなさい》
9. 'acakampahsee, 'ehopempaha neeko.《ああ、びっくりしたよ》

【参考文献】

服部四郎(1957)「アイヌ語における年長者層特殊語」『民族学研究 21-3』(『日本の言語学』大修館書店に収載)

服部四郎(1961)「アイヌ語カラフト方言の「人称接辞」について」『言語研究』39 号

服部四郎(1964)『アイヌ語方言辞典』岩波書店

村崎恭子(1989)『樺太アイヌ語口承資料 1』昭和 63 年度科学研究費補助金(一般 C)研究報告書

村崎恭子(1976)『カラフトアイヌ語』国書刊行会

村崎恭子(1979)『カラフトアイヌ語-文法篇』国書刊行会

村崎恭子(2001)「B. ピウスツキ収録の昔話 11 編と民話 1 編-再転写によるアイヌ語テキストと日本語訳-」『少数民族言語資料の記録と保存-樺太アイヌ語とニヴフ語-』ELPR 報告書 A2-009 2001

村崎恭子編訳(2001)『浅井タケ口述　樺太アイヌの昔話』草風館

古川(村崎)恭子(1971)「樺太アイヌ語テキスト-タライカ方言民話-」『金田一博士米寿記念論集』三省堂

田村すず子(1988)「アイヌ語」『言語学大辞典』三省堂

田村すず子　共編(2003)『アイヌ語樺太・名寄・釧路方言の資料-田村すず子採録、藤山ハルさん・山田ハヨさん・北風磯吉さん・徹辺重次郎さんの口頭文芸・語彙・民族誌』ELPR 報告書 A2-039 2003

知里真志保(1942)「アイヌ語法研究-樺太方言を中心として-」『樺太庁博物館報告第 4 巻第 4 号』(『知里真志保著作集 3』平凡社 1973 に収載)

金田一京助(1913)『あいぬ物語』博文館(『金田一京助全集 5,6』三省堂 1993 に収載)

金田一京助(1914)『北蝦夷古謡遺篇』郷土研究社

Pilsudski, Bronislaw (1912) Materials for the Study of the Ainu Language and Folklore, Cracow

Batchelor, John (1938)『アイヌ・英・和辞典』第 4 版、岩波書店

M. ドブロトボルスキー(1875)『アイヌ語・ロシア語辞典』in Kirsten Refsing ed. Early European Writings on the Ainu Language, Vol.3, Curzon, 1996

池上二良(1997)『ウイルタ語辞典』北海道大学図書刊行会

樺太アイヌの人々

(榎森進 編『アイヌの歴史と文化Ⅱ』2004、創童舎より)

はじめに

(中略) これまで私が出会ってことばを教わった樺太アイヌの方々をたどりながら「樺太アイヌの人々」をここにご紹介する。

いまかりに「樺太アイヌ」を旧南樺太に古来住んできたアイヌ語を話す先住民族と定義すると、現在どこに住んでいようと樺太アイヌ語が話せる土着話者ならだれでも樺太アイヌということになる。このような基準で樺太アイヌ語ができる古老の方々を求めて1960年以来、北海道とサハリンを訪ねて巡り会えた人々の報告が以下の通りである。

常呂の居住者たち

まだ私が大学生だった頃1960年の夏休みに恩師である故服部四郎先生の紹介で樺太西海岸の最も優れた語りべ、藤山ハルさん(1900 - 1974)に常呂ではじめて会った。以後10年余りハルさんにアイヌ語を教わるために毎年常呂を訪れた。

今はホタテとカーリングの町として知られる常呂には当時、戦後樺太から引き揚げてきた樺太アイヌの人々が十世帯ほど住んでいた。たい

絶好のおしゃべり相手、藤山ハルさん(右)と太田ユクさん(左)、常呂のハルさん宅で。1961年。

ていは浜辺近くに建ち並ぶ引揚者住宅に住んでいたが、ハルさんはもっと海に近い浜の砂丘にぽつんと建っている堀建て小屋に長女のフサさんと暮らしていた。当初その家には電気も水道もなくランプと井戸の生活だった。一家には男手はなくハルさんと大勢の孫たちの家の仕事はフサさんが引き受けていた。それは経済的には大変な生活だったけれど、常呂の人たちは東京からアイヌ語を習いに来る二十歳そこそこの私をいつも大喜びで迎えてくれた。その時すでに普段の生活ではアイヌ語は使われていなかったが、私が行けば、すぐ隣の町からマオカ方言を話すタラントマリ出身の太田ユクさん(1894 - 1980)がやってきて、ハルさんと二人でアイヌ語で楽しいおしゃべりをしてくれる。つまり年長者層の間ではアイヌ語の会話がごく自然に生きていたのである。話題はたいてい魚も山菜も豊富だったコタンの生活の思い出話である。

藤山ハルさん(アイヌ名 Esohrankemah)は、明治33年(1900)樺太西海岸北部のエストリ(恵須取)に生まれ、11歳の時その南のフロオチに移り、18歳の時ライチシカの山田万次郎氏と結婚してライチシカに移り住んだ。万次郎氏が

昭和16年頃死去してから19年にマオカの人、藤山博太郎氏と再婚し23年に北海道に引き揚げるまでマオカのタラントマリ（多蘭泊）に住んだ。ライチシカ、フロオチ、エストリはほとんど同じ方言だというから、ハルさんはライチシカ方言の話し手と言っていい。ハルさんは言語だけでなく、ユーカラ（歌）やヘチレ（踊り）、それにトンコリ（五弦琴）やムックン（口琴）の演奏も上手で、ハルさんの指導の下に樺太アイヌ芸能はこの常呂の町で藤山ハルさんの長女、金谷フサさんに受け継がれていった。また、ハルさんは神おろしができるトゥスクル（シャーマン）だった。

太田ユクさん（1894 – 1980）はハルさんより6つ年上で、父母ともにマオカの人で、引き揚げまでずっとタラントマリに住んでいた。20歳の時和人と結婚した。ライチシカ方言とマオカ方言は少し違うがハルさんがマオカに住んだことがあるせいか二人の会話はその相違を意識しながら99パーセント解りあえるようだった。

知床のおばあさん

ある夏ハルさんの家を訪ねたら知床から五十代ぐらいの一人のおばさんが来ていた。その人は小倉シズさんといってやはり樺太アイヌで、シズさん自身もアイヌ語がわかるが年老いた自分の母親ならアイヌ語は何でもよくできるというので、早速知床半島へ向かった。シズさんから聞いた住所は斜里郡遠音別村（シャリグンオンネベツムラ）字オッペというのであったが、ウトロ（宇登呂）の少し手前の海岸にたった一軒だけ番屋のような小屋が建っていた。

昔話をする長嵐イソさん（ウトロの番屋で）。1961年。

そこに小倉さん夫婦とシズさんの母である長嵐イソさん（1882 – 1964）が住んでいた。イソさんは樺太北部東海岸のナイロ（内路）に生まれ少し北のタライカ（多来加）に嫁に来て引き揚げまで暮らしたというタライカ方言の第1級の話者であった。娘夫婦が毎日明け方に舟で漁に出かけてから日暮れに戻ってくる間、目の見えないイソさんは用意された食事を一人でとり、ヒモづたいに便所へ行くという大変な暮らしをしていた。その時すでに85歳は超えていたが体は頑丈でお元気だった。

そんな中でも、私が尋ねていってアイヌ語を教えてと言ったら、喜んでいくらでも応じてくれた。タライカ方言は樺太東海岸の最北の、人称接辞や音節末子音など西海岸より古い形を残している稀少な方言であるが、その翌年、常呂から藤山ハルさんと太田ユクさんをいっしょに知床に連れて行って、三人で会話をしてもらったところ、互いの方言差はコミュニケーションには全く支障がなく、三人で知床の浜辺で楽しくアイヌ語でおしゃべりしていた光景はいまでもありありと

思い出す。思えば、1962年のこの会話が、生きた樺太アイヌ語の最後の資料になってしまった。

この時はまだ、この他にも樺太アイヌ語が出来る人は探せばいた。ハルさんからの情報で尋ねあてたのは、白糠に住んでいた樺太東海岸白浜出身の木村チカマさん（1890－？）と西海岸ライチシカ出身の宮本チヨさん、それに日高ペナコリに住んでいたハルさんの兄、山田藤作さん（1889－197?）、などである。

しかしその後、1974年に藤山ハルさんが亡くなってからは、アイヌ語の輪の中心が失われてしまい、この言語は全く話されなくなった。もうこの言語は絶えたと、私は絶望していた。

白糠に住む木村チカマさん（左）、と宮本チヨさん（中央）。1962年。

ピウスツキ蝋管物語

それから10年後に奇跡が起った。ハルさんが亡くなって10年が経とうとしていた頃、ポーランドの人類学者で、当時のロシア皇帝の暗殺を企てそれが事前に発覚したためにサハリンに流刑になったブロニスワフ・ピウスツキ（1866－1918）が1903から2年にわたって南樺太と北海道で録音した蝋管レコード73本がポーランドの片田舎で発見され、それが再生されるという大きな出来事が起った。それがきっかけで、もう一人の隠れた語りべ、浅井タケさん（1902－1994）に私は巡り会うことが出来た。

B. ピウスツキは18年間にわたる流刑生活の最後の5年間は樺太アイヌの言語民俗資料収集に打ち込んだ。カビなどのために著しく劣化した73本の蝋管は北大応用研究所（当時）の朝倉利光教授の指導の下に種々の工学的処理が加えられ再生されて、実際に音になったのは55本であった。この中にはハウキなどの樺太アイヌの口承文芸が主に録音されていた。私がハルさんに習った知識で蝋管をいくら聞いてもさっぱり分からない。再生された音声を聞いてもらうために、ハルさんの長女、フサさんの協力を得てアイヌ語が分かる人を求めて全道を探し回ったときに、浅井タケさん（1902－1994）に巡り会ったのであった。

たった一人の語りべ

浅井タケさん（Tahkonanna）は、1902年ライチシカより4キロほど南のやはり西海岸のオタスッ（小田洲）コタンに山田チクユピ（**Sahpo**）を父にテツコ（**Tekakunkemah**）を母に生まれた。生後まもなく失明してからずっと全盲だが、実に耳の良い、素晴らしい記憶力をもった語りべだった。幼少の時両親に死別し

て叔母夫婦と共にライチシカに移り住み北海道へ引き揚げるまでいた。引き揚げ後はしばらく夫の浅井政治氏（真岡出身のアイヌ）と北海道日高地方の振内（フレナイ）に住んでいたが、夫の死後は、子宮がんのために最後の1年間札幌東病院に入院するまで、ずっと日高門別の老人ホームに暮らしていた。

タケさんは、夫の浅井政治氏が1961年に亡くなってからはずっとアイヌ語を使わなかったにもか

日高門別の浜辺で歌う浅井タケさん。1984年。

かわらず、1983年に私が初めて会った時、アイヌ語を完璧に覚えていて、日常会話はもちろんのこと、昔話（tuytah）、民話（ucaskuma）、神謡（oyna）、歌謡（yuukara）など何でもできた。

ハルさんの没後十年経ってから、蠟管のおかげで、こんな素晴らしい語りべに巡り会えるとはまさに奇跡であった。

しかし、言語というものは話者が一人だけでは生きてこない。話し手と聞き手がいてはじめて生き生きとやりとりができる。私のようなアイヌ語の下手な聞き手では不十分である。

そんな1988年のはじめ、いつものように録音機をもって老人ホームを訪れたらタケさんと同じ部屋に島村トキさん（1901－1993）がいた。トキさんはタケさんより一歳上でライチシカより北40キロのウシロ（鵜城）生まれだが五歳の時にライチシカに引っ越してきたという。タケさんとは縁続きで幼なじみだ。この人には1983年前述した「蠟管を聞いてもらう旅」で最初に面会したが「コトバダラ ナンモワカラン」とすげなく玄関払いを食った苦い経験があったので、この人にタケさんの部屋であった時は私は余り期待していなかった。ところが同じコタンでいっしょに暮らした幼なじみのトキさんは、自分ではアイヌ語で話せないがタケさんの話すアイヌ語は全部わかるのだ。考えてみるとこれは当たり前のことである。

トキさんがそれから一年後に新設された平取の老人ホームに移るまでの一年余りは、同族の幼なじみの聞き手を身近に得てタケさんの語るアイヌ語がなんと生き生きと豊かになったか知れない。この一年間に収録した昔話や語彙の量は他の年に比べると二倍以上に及ぶ。

いざサハリンへ

それから1994年にタケさんが亡くなるまでの9年間に、老人ホームに通って私が習ったことはたくさんあるが、同時にロシア領になってからのサハリンとの

交流も活発になってきた中でサハリンへ行く機会に恵まれた。文部省の科研費による「サハリンにおける少数民族の言語に関する調査研究」という研究プロジェクト（1990 - 1992）で、タケさんたちの故郷を訪ねることとアイヌ語ができる人を探すことの目的をもって1990年の夏、内外の研究者10人の調査団を組織して憧れのサハリンへ行った。

　タラントマリ、オタスッ、ライチシカ、タライカとそれぞれの故郷を訪ねたが、昔栄えたアイヌコタンがあったところはみんな廃墟となっていて、そこには風光明媚な海と川と湖の自然があるのみであった。またあらゆる筋からアイヌ語ができる人を捜し求めたが、結果は無だった。それでも、樺太アイヌの人々からいつも聞いていたその故郷の美しい自然の中に立って私は樺太アイヌ文化を実感することができた。タケさんに、オタスッの砂をお土産に持って帰ったら、とても喜んでくれた。

おわりに

　このように、1974年の藤山ハルさんが亡くなった時いったん絶えたと絶望された樺太アイヌ語が、その10年後にピウスツキ蝋管発見のおかげで浅井タケさんという話者との出会いによってさらに10年余り蘇ったが、1994年のタケさんの死によって遂に絶えてしまった。しかしこの民族の言語文化は、たとえ完璧な話者が絶えようとも残された言語資料を日本列島の北辺の先住民族の遺産として日本国民が尊重し次世代に継承していけば決して消えはしないと思う。

　文字をもたなかったアイヌ民族の足跡をアイヌ語地名によってたどると、サハリンの場合、アイヌ語地名が樺太島の南半分、すなわち日本の旧植民地であった南樺太にしかアイヌ語地名が認められず北半分には認められないという事実から、樺太アイヌは北から南下したのではなくて北海道から北上したと考えるのが妥当である。また、アイヌ語地名の重要要素である川を意味する、ペッ（別）とナイ（内）が、北海道や本州東北地方では両方あるのに樺太には殆どナイしかないという特徴もある。千島には反対にペッしかない。

　ここで紹介した樺太アイヌの方々から得た、主に西海岸方言の言語資料と、Ｂ．ピウスツキの『樺太アイヌ言語民俗研究のための資料 Materials for the Study of the Ainu Language and Folklore』Cracow, 1912 に収録されている、主に東海岸と南部方言資料から分かったことは、樺太アイヌ語はもとは北海道アイヌ語から分派したアイヌ語の一方言であることは明らかであるが、口承文芸のジャンルやその形式、演じ方、内容などの点で北海道とかなり異なる特徴をもっていることが分かった。

　樺太アイヌに特有なキーワードをあえて挙げるなら、「海の民」と「オヤシ」であろうか。「オヤシ」とは昔話によく出てくる、アイヌ（人間）とカムイ（神）の間に入って悪さをするいたずらなお化けのことである。この他、女性用の民族衣装の襟元が日本のキモノのような襟ではなく立襟であること、北海道でムックリと呼ばれる民族楽器の口琴は樺太ではムックン（muhkun）と呼ばれ、本体の

構造は同じだが弁を響かせる糸の先に棒の柄をつけてそれを引張って演奏するからより迫力のある音が出ること、衣服に施される文様がよりカラフルで異国情緒ゆたかであることなどが私が気づいたエンチウ文化の特長である。

最後に、釧路出身の言語学者、金子亨氏（1933 - 2011）について触れておきたい。釧路湖陵高校、東京外国語大学ドイツ語科卆、ドイツ留学を経て千葉大学文学部に就任した金子氏は文学部改組で1994年に「ユーラシア言語文化論講座」を設立し中川裕氏をアイヌ語担当教官として招いた。以後ここがアイヌや北方諸民族の言語文化学研究の拠点となって丹菊逸治、白石英才、阪口諒など優れた研究者を輩出している。

とに角アイヌ語は日本にとって大切な言語だ。

さあ、みんなで学ぼう！

村崎恭子（むらさき きょうこ）

1937年台湾台北市生まれ。専門は樺太アイヌ語学。東京大学文学部言語学科、同大学院博士課程修了後、東京外国語大学、北海道大学、横浜国立大学で日本語教育担当の教職の傍ら樺太アイヌ語話者を訪ねて言語収録を重ね、1994年に最後の話者を見送った。2002年定年退職後は「樺太アイヌ語の会」を主宰して音声資料整理と「樺太アイヌ（エンチウ）語セミナー」を開講して樺太アイヌ語の普及に努めている。

「樺太アイヌ（エンチウ）語セミナー」は東京のアイヌ文化交流センターで毎月第3土曜日の午後1時から開講継続中。
東京アイヌ文化交流センターは TEL03-5830-7547

著　書
- 服部四郎序・村崎恭子著『カラフトアイヌ語付録カセットテープ2巻』国書刊行会 1976
- 同『カラフトアイヌ語－文法篇－』国書刊行会 1979
- 浅井タケ口述・村崎恭子編訳『樺太アイヌの昔話』草風館 2001
- 同『CD版』草風館 2001

エンチウ（樺太アイヌ）語会話入門
First Step For the Sakhalin Ainu Language
【改訂版】

2025年1月23日　第1刷発行

著　者	村崎恭子
発行人	藤田卓也
編　集	柴田哲郎
編集校閲	丹菊逸治
装　幀	緑鯨社装幀室
発行所	藤田印刷エクセレントブックス
	〒085-0042
	釧路市若草町3番1号　Tel 0154-22-4165
印刷製本	藤田印刷株式会社

©Kyoko Murasaki 2025, Printed in Japan
ISBN 978-4-86538-175-7 C0039

＊造本には十分注意しておりますが、印刷、製本など製造上の不備がございましたら「藤田印刷エクセレントブックス（0154-22-4165）」へご連絡ください
＊本書の一部または全部の無断転載を禁じます　＊定価は裏表紙に表示してあります

■ 表紙のアイヌ文様は、藤山ハルさんが著者のためにバッグ用に刺繍してくれたものです。

■ ［裏表紙・南樺太全図］（標茶町町史編さん事務局　所蔵）
　語り部たちの出身地を示したものです。